COMO GANAR DINERO POR INTERNET Y NO MORIR EN EL INTENTO

Autor: S. Alexander Canales

Prefacio

A pesar de lo que podrás leer por ahí, no es oro todo lo que reluce en los negocios online.

Algunos tienen costes ocultos elevadísimos, mientras que otros requieren un esfuerzo y dedicación personal que aumenta exponencialmente con el tiempo. Y cuando esto no estaba previsto, puede suponer el fin de cualquier proyecto.

Pero, como verás en este Libro, también existen negocios online extremadamente rentables que puedes empezar con muy pocos recursos y conocimientos previos. Tan solo necesitas una buena estrategia y tomar las decisiones acertadas.

Empecé a crear negocios online a finales de 2016, mientras trabajaba en una agencia aduanal. La crisis económica había frenado por completo mi progresión profesional, así que, sin ningún conocimiento de marketing digital, me puse a buscar formas alternativas de generar ingresos.

Ahora estoy viviendo exclusivamente de mis negocios por Internet, ganando miles de Dólares al mes sin haber realizado prácticamente ninguna inversión monetaria.

A día de hoy he creado negocios de todo tipo. Con algunos me siento realizado y otros son simples sistemas con los que obtengo ingresos pasivos sin tener que dedicarles demasiado tiempo.

Y es que seguramente ni tú ni yo inventaremos la próxima red social o aplicación multimillonaria, pero tampoco hace falta. Existen infinidad de oportunidades a nuestro alcance para construir un negocio que nos permita vivir felizmente.

Hay dos tipos de negocio online: los que funcionan en piloto automático y los que requieren una dedicación constante.

Lógicamente, los más codiciados son los primeros, aquellos que pueden convertirse en un ingreso pasivo automático capaz de crecer sin que eso requiera dedicarle más tiempo o dinero

Este tipo de negocio debe cumplir 3 reglas de oro:

Solucionar una necesidad existente. Muchos negocios online fracasan porque se guían por una "intuición" de su creador, en lugar de satisfacer una demanda real de su público objetivo. Por eso es fundamental que antes valides tu idea, por muy innovadora que te parezca.

Funcionar de forma autónoma. Un negocio online pasivo debe poder generar dinero sin que sea necesaria tu intervención. Para eso necesitas automatizar los procesos.

Ser escalable. Esto significa que debes poder aumentar tu facturación sin aumentar los costes proporcionalmente. De lo contrario, cuanto más dinero ganes, más gastos tendrás.

A continuación, en este libro te mostraré los modelos más rentables y fáciles de empezar de la actualidad con potencial para generar ingresos pasivos, y los resultados que yo mismo he logrado con varios de ellos, también te mostré como trabajar con cada uno de ellos para que empieces a ganar dinero por internet sin morir en el intento.

PD: al final del libro también encontrarás una guía práctica para elegir el modelo de negocio más adecuado para ti.

Índice

Prefacio

Capítulo 1: Como ganar dinero con marketing de contenidos

Capítulo 2: Como ganar dinero siendo afiliado

Capítulo 3: Como ganar dinero con Dropshipping

Capítulo 4: Como ganar dinero con negocio de suscripción

Capítulo 5: Como ganar dinero con Crowdsourcing

Capítulo 6: Como ganar dinero con tecnología Blockchain

Capítulo 7: Como ganar dinero con Criptomonedas

Capítulo 8: Como ganar dinero con Economía Colaborativa

Capítulo 9: Como ganar dinero escribiendo E-book

Capítulo 10: Como ganar dinero siendo Asistente Virtual

Capítulo 11: Como ganar dinero siendo Freelance

Capítulo 12: Como ganar dinero siendo Bussines Ángel

Capítulo 13: Como ganar dinero siendo Life Coach

Capítulo 14: Como ganar dinero con Webinars

Capítulo 15: Como ganar dinero haciendo Trading

Bonus: Guía de como elegir tu modelo de Negocio Online

Dedicatoria.

Capítulo 1
Como Ganar Dinero con Marketing de contenido

¿Te has encontrado en Internet con anuncios mientras leías un artículo de un periódico digital, un blog o mientras veías un vídeo en YouTube? Si alguna vez te has preguntado quién es el responsable de ellos, Google AdSense es la respuesta.

Si aún no la conoces, te voy adelantando que esta es una de las plataformas o uno de los métodos más frecuentados por bloggers, Apps gratuitas, periódicos y revistas digitales o Youtubers para ganar dinero por Internet de una manera recurrente. Pero, antes de nada, en esta guía veremos qué es AdSense y cómo funciona exactamente. Además, luego te ayudaremos a descubrir cómo empezar a usarlo paso a paso, creando una cuenta propia para monetizar tu visibilidad digital.

¿Qué es Google AdSense?

AdSense es una herramienta de Google que permite mostrar anuncios publicitarios a todos los creadores de contenidos. De esa manera, los propietarios de Webs, blogs o canales de YouTube podrán obtener ingresos reservando un espacio en sus plataformas digitales, para que los anunciantes de la Red de Display muestren allí sus banners de publicidad.

De hecho, el gran buscador lo define como: un método sencillo y gratuito para que cualquier editor de sitios web pueda obtener ingresos mediante la publicación de anuncios de Google segmentados en sus contenidos.

Darse de alta en la mencionada plataforma es más simple de lo que te imaginas.

Sólo es necesario tener una cuenta de Gmail, el correo electrónico de Google, un blog o web propia con contenido 100% original, un nº de teléfono y una dirección física.

Además, debes tener al menos 18 años, ya que estamos hablando de un negocio digital con el que generar ingresos con publicidad.

Y como podrás suponer, están totalmente prohibidos aquellos sitios donde se incite a la violencia ni que tengan contenido sexual explícito.

Teniendo en cuenta estas premisas, en esta ocasión he querido invitar al blog a Danny Sánchez Mola, gran conocedor de esta plataforma publicitaria, el cual nos ha preparado una completa y estupenda guía paso a paso en la que resolverás todas tus dudas en torno a este tema.

¡Comenzamos!

«Google Adsense» como método de monetización de blogs y sitios Web

Una vez que ya sabes de qué estamos hablando exactamente en este post, y cuál es la finalidad de esta herramienta del gran buscador, déjame que te guíe a lo largo de este artículo, donde conocerás cómo crear una cuenta en ella.

Pero, antes de nada, quiero aclararte cuáles son los principios en los que se basa y sus beneficios, dado que si estás aquí es porque estás interesado/a en monetizar tu proyecto digital.

¿Para qué sirve y cómo funciona Google Adsense?

Si estás. pensando en cómo anunciar tu empresa en Internet, es probable que también hayas oído hablar de Google Ads, la plataforma publicitaria de pago por clic del buscador.

Se trata de otra App de la empresa que está directamente relacionada con ella, ya que, en efecto, AdSense no existiría sin Google Ads.

Por ello, para explicarte las utilidades y cómo funciona esta herramienta digital propiedad del buscador, acudiré a las principales discrepancias entre ellas.

Aclarado esto, he de decir que la principal diferencia entre las dos plataformas está en "quién la usa" y "para qué".

Google Ads (ex-Adwords): la usan los anunciantes que desean promocionar sus productos o servicios, para crear contenidos publicitarios, que pueden aparecer tanto en sitios de Google (incluido YouTube) como en las páginas y aplicaciones de terceros que se han inscrito en el programa.

AdSense, en cambio, la utilizan los propietarios de páginas web o creadores de contenido que desean monetizar sus sitios, para añadir espacios publicitarios que mostrarán los contenidos que los anunciantes han creado mediante Google Ads y cobrar por ello.

Se trata pues, de un sistema en el que participan tres actores:

1. Los anunciantes.
2. Google.
3. Los propietarios de sitios web, blogs, Apps móviles o canales de YouTube.

El buscador sencillamente hace de intermediario, llevándose una comisión por ello; los anunciantes pagan al buscador por anunciarse en los sitios de sus partners y éste paga a los propietarios de los sitios (sus partners) por mostrarlos. De esta manera, distribuye los contenidos publicitarios automáticamente.

En función de los criterios que definen los anunciantes y propietarios de los sitios web (y también sus propios criterios).

En cuanto a dichos criterios, los anunciantes pueden indicar al buscador en qué tipo de sitios web quieren que se muestren su información o banners (ya sea según la temática del contenido, los intereses de los visitantes o el tipo de visitantes que reciben).

Incluso puedes seleccionar sitios concretos manualmente a través de Ads. De una forma similar, los propietarios de los dominios Web que albergan los contenidos patrocinados también pueden indicarle qué tipo de contenidos publicitarios, o incluso anunciantes concretos, desean bloquear o excluir de su sitio.

Es con todo esto a través de lo que realiza una subasta para **decidir qué mostrará en cada sitio**. No era tan difícil, ¿verdad?

¿Cómo, cuándo y cuánto paga Google AdSense?

Como hemos dicho, los anunciantes pagan al gigante de Silicon Valley y éste le paga a los propietarios de los sitios web, blogs o canales de YouTube que albergan los anuncios.

Pero, ¿cómo lo hace?

Pues muy simple: en función de los clics que los usuarios hacen sobre los anuncios o de las impresiones que se han generado, es decir, las veces que se ha mostrado uno en un site.

El sistema de pago (CPC o por impresiones) lo elige el anunciante cuando crea sus banners y luego establece una puja, o lo que es lo mismo, lo que está dispuesto a pagar por un clic o por cada 1000 impresiones.

Tal como se indica en el centro de asistencia y en los términos del programa de Partners:

» Ejemplo 1 de cuánto puedo ganar usando Google Adsense: productos lácteos

Imagina que eres el propietario de un blog de recetas de cocina y has añadido un espacio publicitario mediante este método publicitario, en el que se muestran contenidos relacionados con el de tu página.

Una marca de productos lácteos ha creado un banner para publicitar su último producto y ha establecido que el banner debe mostrarse en páginas web cuya temática central sea la cocina.

Además, la marca ha determinado que está dispuesta a pagar 0,50 euros por cada clic que reciba su anuncio.

Si el buscador lo muestra de esta marca en tu blog y alguno de tus visitantes hace clic en él, tú te llevarías el 68% de este clic, es decir, el 68% de 0,50 euros, que serían exactamente 34 céntimos de euro.

No todos tienen el mismo precio, por lo tanto, tus ingresos pueden variar de un día para otro según los presupuestos de los anunciantes, el número de visitantes que visitan tu sitio y hacen clic en los anuncios y el tipo de contenido en el que los visitantes hacen clic.

Para tener una idea más clara de cuánto puedes ganar al mes con AdSense, vamos a fijarnos en datos reales.

Se trata de investigar para encontrar estudios y datos reales sobre el coste y la tasa de clics que suelen recibir los anuncios de Display (los banners) o de vídeo, a poder ser, por industria, para ajustarlo al máximo a tu caso.

» Ejemplo 2 de cuánto puedo ganar con Adsense: revista digital

Vamos a poner otro ejemplo. Ahora imagina que eres el propietario de una revista online estadounidense sobre coches y recibes unas 100.000 visitas mensuales en tu web.

Dado que lo más probable es que en tus espacios publicitarios aparezcan anuncios de marcas de coches, podemos tomar en cuenta el CTR (tasa de clics) y el CPC (coste por clic) medio que tienen los contenidos de la industria de la automoción.

Si nos basamos en un estudio de WordStream en el que se analizaron los CTRs y CPCs por industria de los banners de Ads en Estados Unidos durante el año pasado, podemos ver que el CTR medio que suelen recibir los de la red de Display –la red que comprende los más de 2 millones de sitios inscritos en el programa de AdSense y también Youtubers– para la industria de la automoción, es de 0,46%.

Por otro lado, tengamos en cuenta que nos corresponde un 68% de las ganancias y que así el CPC medio de los anuncios de display de esta industria se quedaría en 0,58 dólares.

¡Hora de hacer números!

Si de las 100.000 visitas mensuales que recibe tu revista, un promedio del 0,46% termina en clic, significa que los que aparecen en tu web conseguirán unos 460 clics al mes.

Teniendo en cuenta que cada clic cuesta una media de 0,58 dólares, podrías ganar aproximadamente unos 266,8 dólares al mes con Google AdSense.

En general, cuantas más visitas reciba tu web o tus vídeos, más probabilidades habrá de que la gente haga clic en los banners y, por lo tanto, de que ganes más con esta plataforma.

De una forma similar, cuantos más espacios publicitarios añadas en tu sitio, más probabilidades habrá de conseguir clics, pero si añades demasiados, podrías deteriorar la experiencia del usuario y provocar el efecto contrario, ya que los visitantes podrían molestarse y abandonar tu sitio.

Por eso se dice que hay que encontrar el equilibrio justo.

Aun así, son muchos los factores que influyen en el proceso y cualquier estimación estarían sujeta a variaciones.

¿Vale la pena utilizar AdSense? Ventajas y desventajas de la herramienta

Si aún no te has decidido a utilizarla para monetizar tu contenido, esperamos que este apartado te de una idea más clara.

A continuación, te contamos cuáles son las principales ventajas y desventajas del servicio, para que puedas valorar si es para ti.

» Ventajas de AdSense

- **servicio es gratuito:** no hay que pagar para inscribirse. Simplemente hay que registrarse y añadir espacios publicitarios en tu sitio para que se muestren los anuncios.
- **Es fácil de utilizar:** su interfaz, es intuitiva y el proceso para incorporarlos es relativamente sencillo. Además, puedes publicarlos en distintos sitios web desde una única cuenta.
- **Google lo hace todo por ti:** no hay necesidad de ir a buscar a los anunciantes, ni de promocionar tus espacios publicitarios. El buscador lo hace automáticamente a través de su sistema de subasta, de forma que en tu web se mostrarán los anuncios de los anunciantes que están dispuestos a pagar más y los que ofrezcan la mejor experiencia de usuario de entre los que participan en la subasta.
- **Puedes bloquear anuncios o anunciantes:** dado que se trata de un sistema automático, Google tiene libertad para publicar cualquier tipo de contenido en tu sitio web. Sin embargo, hay opciones para ponerle freno. Si hay algún tipo de anuncio que no quieres que aparezca, puedes elegir la categoría a evitar – vehículos, moda, religión, política, etc. –

bloquear las URLs de anunciantes concretos o incluso revisarlos individualmente y escoger los que se publican y los que no a través de la página de controles de bloqueo en tu cuenta.

- **Gran variedad de formatos y opciones de personalización:** A la hora de incorporar los espacios publicitarios en tu web, puedes escoger entre una gran variedad de tamaños y formatos, además de personalizar su apariencia visual para que encajen con el esquema de colores de tu sitio.

- **Te pagan mensualmente:** Siempre y cuando acumules un mínimo de 100€ al mes en ganancias, se te pagará mensualmente mediante depósito directo.

» Desventajas de AdSense

- **Algunos podrían resultar molestos para tus visitantes:** Según una encuesta llevada a cabo por HubSpot, el 64% de los usuarios cree que los anuncios, hoy en día, son intrusivos o molestos. Si añades demasiados espacios publicitarios en tu sitio, tu tráfico podría verse afectado de forma negativa y, por lo tanto, también la capacidad de tu sitio para generar ingresos.

- **Cuando rompes las reglas, estás fuera:** Las políticas del programa son estrictas. Si no las cumples, el buscador puede cerrar tu cuenta en un instante y no es muy tolerante con aquellos usuarios que han violado sus reglas.

- **No te harás rico de la noche a la mañana:** Como ya habrás visto en la sección anterior, son muchos los factores que influyen en el resultado y es necesario que tu sitio web genere mucho tráfico para obtener una cantidad de ingresos notoria. Conseguir ingresos con AdSense requiere esfuerzo, optimización web, dedicación y análisis – a veces es necesario probar varias opciones y formatos hasta dar con la combinación que funciona.

- **Puede que lo que se publica no encaje con tus ideas o valores:** A pesar de que es posible aplicar un filtro para bloquear ciertos tipos de anuncios, hay limitaciones. La máquina no es perfecta.

- **Ganas dinero pero también pierdes a los usuarios:** Ten en cuenta que cada vez que un usuario haga clic en uno de ellos que se muestran en tu sitio web, aunque ganes dinero, este usuario abandonará tu página para visitar la del anunciante.

Otra cuestión importante:

Ten en cuenta que necesitas tener mucho tráfico, como vas descubriendo a lo largo de esta guía. Si no tienes una gran cantidad de vistas en tu contenido, tus ganancias no serán muy interesantes.

En líneas generales, y dependiendo de la temática y el sector, para que el tema sea suficientemente rentable, se recomienda primero intentar llegar a tener más de 40 o 50 mil visitas antes de implementar este sistema de monetización para que el mismo sea más rentable

¿Cómo crear una cuenta de AdSense?

Sea cual sea la plataforma que utilices, un sitio web propio, una plataforma de blogging o un canal de YouTube, para convertir tu hobby en dinero con este servicio publicitario, el primer paso es crear una cuenta.

Para ello, deberás de seguir estos pasos:

1. Entra en su Web oficial

Dirígete a la página del servicio y regístrate, llenando los campos del formulario.

Una vez creada tu cuenta de AdSense y aceptadas las políticas del programa (recuerda que tu web o blog debe incluir contenido original y cumplir con las políticas para que sea posible monetizarlo), deberás activarla.

2. Activación de la cuenta

Para ello, tienes que iniciar sesión en ella y añadir tu nombre, dirección postal, número de teléfono e información de pago.

A partir de ahí, recibirán tu solicitud para crear una cuenta y te pedirá que vincules tu sitio web o canal de YouTube con ella.

En los siguientes apartados debes seguir los pasos para configurar los espacios en los que se mostrarán anuncios en función de si deseas monetizar una web, un blog o un canal de vídeos, ya que no funciona exactamente igual en todos los casos.

¿Cómo conseguir monetizar un blog en WordPress o un sitio Web con AdSense?

En el caso de que tengas una Web propia o un blog en WordPress (o en cualquier otro CMS) y desees monetizarlo, para poder activar tu cuenta y mostrar anuncios en tu sitio deberás vincular esta herramienta con tu plataforma digital.

Por ello, ahora veamos juntos como vincular tu sitio con tu cuenta de AdSense y el paso a paso necesario para integrar estos anuncios en tu contenido.

1. Agrega tu dominio

Para ello, haz clic en el apartado "Sitios web" del menú lateral izquierdo, dentro de tu cuenta, y luego clic sobre el botón "Agregar sitio web".

En la pantalla siguiente, tendrás que añadir la URL del sitio que deseas monetizar y verás que te da un fragmento de código HTML.

Para vincular la plataforma con tu Web, tendrás que copiar este fragmento de código y pegarlo entre las etiquetas <head></head> del código HTML de tu sitio.

Si utilizas WordPress y no te sientes cómodo editando el código HTML de tu página, también puedes utilizar un plugin como «Header Footer Code Manager» para poder añadir el fragmento de código de una forma sencilla desde el panel de administrador de este CMS.

Una vez hayas añadido el código, marca la casilla en tu cuenta y haz clic en "Listo".

No tardarán en ponerse en contacto contigo a través de email para comunicarte si la web se ha vinculado correctamente.

2. Elige los tipos de anuncios a mostrar

Cuando la conexión se haya efectuado y ya tengas tu web vinculada a esta plataforma publicitaria, llega el momento de elegir los tipos de bloques que se mostrarán en tu sitio.

Para ello, haz clic en el apartado "Anuncios" en el menú lateral izquierdo y luego en "Bloques de anuncios".

En la pantalla que aparece, encontrarás un botón para agregar un nuevo bloque de anuncios.

Si haces clic en él, verás que aparecen 3 opciones para elegir el tipo de anuncios que deseas mostrar:

- En primer lugar, **anuncios de texto y display**: los banners que suelen situarse en la cabecera, los laterales o el pie de la página, en función del diseño de tu sitio web y tus preferencias)
- Los **de tipo In-Feed** (los que suelen mostrarse entre las listas o visualizaciones previas de artículos recomendados).
- Los «**InArticle**» (que se integran entre los párrafos de tus artículos o páginas).

3. Configura el banner publicitario

Una vez elegido el tipo de anuncio que deseas mostrar en tu web o blog – en este caso, hemos elegido "Anuncios de texto y display" – nos lleva a la pantalla de configuración del mismo.

Aquí se te pedirá que des un nombre al bloque de anuncios y que elijas un tamaño y dimensiones.

aunque también puedes **personalizar el estilo del anuncio** para que el esquema de colores encaje con el de tu sitio web o blog.

Una vez definido, haz clic en "Guardar y obtener código" y, de nuevo, te proporcionará un fragmento de código, que deberás copiar y pegar justo en el sitio donde que quieres que aparezca el anuncio, dentro del código HTML de tu sitio.

De nuevo, si utilizas la plataforma WordPress, puedes usar plugins para encajarlos de manera más cómoda y rápida recurrentemente en tus artículos y páginas en general.

Entre mis favoritos está «Ad Inserter«, para hacerlo de una forma más sencilla desde el propio panel de WordPress, sin tener que editar el código directamente. ¡Listo!

4. Bloquear anunciantes (opcional)

En caso de que desees bloquear ciertas categorías de anuncios o anunciantes concretos, puedes ir al apartado "Controles de bloqueo" y "Todos los sitios web"

En el menú lateral izquierdo, y, sencillamente **seleccionar el tipo de contenido que quieres bloquear** a través de las distintas opciones que se ofrecen.

Pasos para monetizar vídeos de YouTube con AdSense

Si ya sabes qué es YouTube y cómo funciona, te cuento que en el caso de la conocida plataforma de vídeos, la configuración es más sencilla, pero existen unos requisitos que tu canal debe cumplir antes de que puedas empezar a obtener ingresos. Visualización pública acumuladas.

Lo primero a tener en cuenta es que debes crear un canal de YouTube propio, para así conseguir ganar dinero con esta plataforma publicitaria.

Si tu canal aún no cumple con estos requisitos, no podrás obtener dinero a través de tus vídeos. Sin embargo, puedes dejar tu cuenta configurada y enlazada para que, en el momento que se cumplan, la monetización se active.

Ten en cuenta que Google solo aceptará tu solicitud de monetización si posees todos los derechos sobre todo lo que aparece en tus vídeos, tanto imágenes y gráficos como la música que utilizas.

Si usas música libre de derechos, debes proveer enlaces a la canción en la descripción del vídeo con el tipo de licencia que se aplica.

1. Entra en tu canal y ve a «Creator Studio»

Para activar la monetización de tu canal, debes ir a "Creator Studio" y hacer clic en "Canal", en el menú lateral izquierdo. Ahí verás que aparece una opción para activar la monetización.

2. Acepta sus políticas

Después de hacer clic en "Activar", solo tienes que seguir los pasos que te indica la propia plataforma, aceptando sus políticas y vinculando la cuenta de AdSense que has creado.

En este caso, la vinculación es automática y **no es necesario insertar código html**.

3. Elige el tipo de anuncios a mostrar

Una vez vinculado el canal con tu cuenta de AdSense, el siguiente paso es elegir las preferencias de monetización, es decir, indicar qué tipo de anuncios quieres que se muestren en tus vídeos:

- **De display**: banners que aparecen fuera del vídeo, en el lateral derecho.
- **De superposición**: flotantes en forma de banner horizontal que aparecen sobre tus vídeos en la parte inferior.
- **Tarjetas patrocinadas**: aparecen sobre tu vídeo, para mostrar

productos relacionados con tu contenido.
- **De vídeo saltables**: los que se reproducen antes, durante o después de que se reproduzca tu vídeo.

En caso de que quieras bloquear ciertas categorías de anuncios o anunciantes concretos, debes hacerlo desde tu cuenta publicitaria a través de los "**Controles de bloqueo**" pero en la pestaña "**Alojamiento en YouTube**", de la misma forma que hemos indicado en el apartado anterior.

Conclusión

Ahora ya sabes qué es AdSense, cómo funciona, cuáles son sus pros y sus contras y cómo convertir tus proyectos digitales en beneficios, a través de la publicidad del famoso buscador.

Como ya has visto, la configuración y puesta en marcha del sistema es relativamente fácil, pero generar ingresos a través de este sistema no lo es tanto, pues deberás tener conocimientos de las diferentes áreas del Marketing Digital, sobre todo de Posicionamiento SEO y redacción de contenidos Web.

Aun así, con contenido de alta calidad y una buena estrategia, solo es cuestión de tiempo.

Capítulo 2

¿Cómo Ganar Dinero Siendo Afiliado?

Esta profesión ha sido muy buscada principalmente por quienes tienen habilidades para efectuar ventas, quieren trabajar online y por cuenta propia, pero sin necesidad de crear un producto digital.

Si te has identificado con este perfil y quieres saber cómo empezar, te preparamos los pasos iniciales para que empieces ya a vender por internet.

¡Vamos!

¿Qué es Afiliado?

Afiliado es la persona que recomienda productos de terceros, ya sean físicos o digitales, a cambio de comisiones recibidas tras cada venta realizada. Para ello, promueve los vínculos o links de los productos que están disponibles en plataformas de ventas.

Además del amplio conocimiento en técnicas de ventas, los Afiliados también son expertos en el mercado digital y entienden todo cuando el asunto es aumentar sus ventas.

Esto sucede porque estudian constantemente el mercado y todas las estrategias de marketing disponibles para promover un producto.

Esta profesión fue muy conocida principalmente después de la creación del programa de Afiliados de Amazon, que permitió que la divulgación y venta de productos por Internet alcanzase una escala global.

Pero fue solo en el año 2000 que el marketing de Afiliados se hizo más conocido y se convirtió en una realidad en todo el mundo.

En esta época, las personas entendieron las ventajas de promocionar productos de terceros y se dieron cuenta de cómo ese modelo de ventas era económicamente ventajoso, además de estar exento de grandes riesgos.

Además, las mejoras de las herramientas disponibles y la creación de otros programas de Afiliados hicieron que ese mercado creciera no solo enfocado en la venta de productos físicos, sino principalmente en los productos digitales, como cursos online y e-books.

¿Cómo empezar?

Si te has interesado en esta profesión y quieres empezar a trabajar en Internet, lee atentamente a continuación los pasos iniciales para que empieces a ganar dinero como Afiliado.

1. Aprende sobre el mercado digital

Si quieres trabajar en Internet, el primer paso, antes que nada, es estudiar y conocer todo sobre el mercado digital.

Debes entender cómo funcionan las ventas online, qué recursos puedes utilizar para promocionar productos, quiénes son tus competidores y, sobre todo, lo que está en alta (hablaremos más sobre esto en este post).

Créeme, es posible ganar dinero como Afiliado aunque no estés muy familiarizado en materia de mercado digital, siempre y cuando te dediques y quieras aprender más sobre esta área.

Trabajar como Afiliado es algo que depende mucho de ti y de tu fuerza de voluntad. Al final, eres tú quien necesita dedicarle un tiempo de tu día a estudiar y aprender sobre esta profesión.

Una buena sugerencia es seguir los blogs de marketing y canales en YouTube que hablan acerca del mercado digital.

Además de ser gratuitos, pertenecen a personas que ya conocen el mercado. Entonces, los consejos que encontrarás pueden ayudarte mucho.

2. Estudia las técnicas de marketing

¿Recuerdas que al principio de este post hemos dicho que para ganar dinero como Afiliado era importante que seas habilidoso en materia de ventas?

Como tu misión es mostrar los productos de otras personas, es fundamental que entiendas todo sobre marketing.

Pero no pienses que solo quien ya conoce las estrategias de promoción puede empezar a vender de forma online.

Así como en el consejo 1, es posible estudiar sobre técnicas de marketing y aprender todo lo que implica habilidades en ventas.

Hay varios cursos de marketing digital que te enseñan desde técnicas iniciales hasta las más avanzadas, y puedes encontrar algunos que son incluso gratuitos. Entonces, no hay excusa para no aprender a hacer ventas en línea.

Además, al igual que los blogs y vídeos sobre el mercado digital, también encuentras mucho contenido que enseña varias estrategias de marketing

3. Escoge un área de actuación

Después de conocer más sobre el mercado digital y las técnicas de marketing, es hora de elegir en qué área deseas actuar.

¿Recuerda que en la primera sugerencia dijimos que debes entender lo que está en alza en el mercado?

Esto es muy importante cuando eliges tu área de actuación.

Es claro que debes pensar en los temas que te gustan y las áreas con las que más te identificas. Pero es posible que tengas interés en varios nichos y pienses en lo que es tendencia, eso puede ayudar mucho a elegir el área en la que actuarás.

Piensa en tus habilidades y hobbies, porque así podrás promocionar un producto con el que ya tengas familiaridad y hablarás de un asunto que ya dominas bien.

Pero, además, haz una búsqueda en Google Trends y entérate cuáles son los asuntos más buscados en Internet. Así lograrás entender si el área en la que planeas trabajar puede ser incluso lucrativa.

¡Pero abre bien los ojos! No estamos diciendo aquí que si eliges un área que no es tendencia significa que no vas a vender.

Tus ventas dependen de cómo difundes y promocionas tu propuesta y para quién creas tus acciones de marketing. Por eso, aunque tu nicho no sea muy buscado, con acciones asertivas y un público bien comprometido, puedes ganar dinero como Afiliado.

4. Elige un buen programa de Afiliados

De nada sirve aprender todo acerca de vender por Internet, si no formas parte de un buen programa de Afiliados.

Esto sucede porque es en el programa que encontrarás todas las herramientas necesarias para impulsar tus ventas, además, por supuesto, de los productos que divulgarás.

Hay varias plataformas en línea que tienen un programa de Afiliados, por lo que puede ser difícil elegir la que utilizarás.

Para ayudarte, te hemos preparado las principales características que un programa de Afiliados debe tener:

1. Gran cantidad de productos digitales registrados;
2. Buenas comisiones;
3. Posibilidad de vender a cualquier lugar del mundo;
4. Facilidad para encontrar el producto que más combina contigo;
5. Evaluación de los productos para saber los que tienen más potencial de ventas;
6. Información del producto proporcionada por el Productor para que sepas exactamente lo que vas a promover;

7. Posibilidad de crear ofertas especiales, como bono en formato de ebook, infografía o cualquier otro material que desees entregarles a los compradores;

8. Flexibilidad para crear tus propias campañas y adaptarlas de acuerdo con tu público;

9. Garantía de recepción de las comisiones de ventas realizadas;

5. Define cuál es el producto que vas a vender

A la hora de elegir el producto que promoverás, además de pensar en tu área de actuación, es importante también tener en cuenta:

Cantidad de materiales de divulgación disponibles para que utilices

Es importante saber, por ejemplo, la cantidad de páginas alternativas disponibles por el Productor y si el producto tiene un dominio registrado.

Así puedes entender mejor quién es el público con el que necesitas trabajar.

Oferta bien estructurada

Observa si la oferta del producto que has elegido te convence.

Además, asegúrate de que la oferta tiene todas las etapas bien construidas para poder mostrarle mejor a tu público que ese producto realmente entrega el valor que está buscando.

Temperatura del producto

Piensa en las estrategias que utilizarás a la hora de elegir el producto que deseas vender. Esto te ayudará a definir cuál es la mejor temperatura para ti.

Por ejemplo:

Si eres especialista en la compra de tráfico, es posible elegir un producto con una temperatura un poco más baja, ya que invertirás en anuncios pagados.

Ahora bien, si ya tienes una audiencia, busca un producto con la temperatura elevada, ya que es más probable que puedas vendérselo a tu público.

Analiza la estacionalidad del producto

¿Recuerdas que hablamos de buscar en Google Trends cuáles son los asuntos que están más en alza?

Esto es muy importante a la hora de elegir el producto que vas a promocionar, ya que te ayudará a entender si la venta será momentánea o recurrente.

Además, podrás entender cuál es el mejor momento del año para promover el producto que has elegido.

Soporte para Afiliados

Prioriza los productos con los que tengas fácil acceso al Productor o al Gerente de Afiliados.

Así, siempre que tengas alguna duda, podrás entrar en contacto rápidamente con quien entiende más sobre el producto.

Regla de puesta en marcha

Entiende cuál es la regla por medio de la cual ganarás comisiones como resultado de las ventas que hagas. Así sabrás exactamente cuándo contar una venta, si es en el primer o en el último clic, por ejemplo.

Esto es fundamental para elegir si trabajarás con la compra de tráfico o tráfico orgánico, por ejemplo.

Confianza

Por último, elige un producto en el que realmente confíes. De esta manera, será mucho más fácil hablar de lo que estás promocionando.

No pienses en simplemente ganar dinero como Afiliado.

Elige un producto que le entregue valor a quien está comprando y que puede incluso convertirse en un negocio duradero para ti.

Estos son los primeros pasos que necesitas dar para empezar a trabajar como Afiliado.

Como debes haber notado, cualquier persona que tenga disposición para aprender más sobre el mercado digital y que desee desarrollar técnicas de venta online puede promocionar productos en Internet.

La promoción de productos digitales es una extraordinaria manera de empezar tu propio negocio y aún trabajar desde donde quieras.

¿Te han gustado estos consejos iniciales y quieres dar el siguiente paso?

Si es así, a continuación, te dejare algunas plataformas con las cuales podrás empezar, también te dejare las formas en que podrás trabajar en cada una de ellas.

1.AMAZON AFILIADOS

¿Qué es el sistema de AMAZON AFILIADOS?

El sistema de Afiliados de Amazon será lo que te permitiría recrear, de una forma virtual, la escena narrada en la introducción del artículo. Todos sabemos que Amazon es una de las más importantes tiendas online que existe donde puedes encontrar absolutamente de todo, No me voy a poner a inventarme números, pero habrá miles y miles (por no decir millones) de artículos que podrás encontrar en el catálogo de Amazon. Lo bueno es que ahí puedes encontrar de todo ya que no solo venden directamente ellos, sino que tú podrás también poner a vender tus propios artículos usando su sistema y su web, por lo tanto el número de productos que encontrarás en la web es incalculable y con un crecimiento constante, convirtiéndolo en un gigante de la actividad de compra venta.

Pues bien, no sé si ya sabes, que tú puedes participar tomando una parte de todo ese pastel recomendando productos que se venden en la página de Amazon. Si, ahí está la parte en la que te convertirías en vendedor de cualquier tienda y sus productos .

Eso se hace a través del sistema de Afiliados que ofrece Amazon. A modo rápido, por si no estás muy puesto en el tema, diré que un sistema de afiliados es un medio por el cual tu puedes recomendar un producto de un tercero y si generas una venta del mismo, te llevarás una comisión. Hay afiliaciones que pueden consistir en conseguir que personas se apunten a una web concreta, que se apunten a un mailing, etc...

Al final el anunciante define una acción, la cual tú promocionas, y ganas un porcentaje del beneficio. El sistema de Amazon afiliados es muy potente por eso que hemos comentado, porque el número de productos que podrás promocionar será incalculable, y eso te podrá generar contenido inacabable para cualquier web sea de la temática que sea.

¿Para qué me sirve a mi, o para qué puedo usar el sistema de Afiliados Amazon?

Básicamente para lo que he comentado, podrás recomendar cualquier producto de la temática que sea. Esa es un arma muy potente para poder llegar a monetizar cualquier web que tengas.

Imagina que tu pasión son las plantas y que abres un blog sobre ellas. En él hablarás de distintos tipos de plantas que hay, de los cuidados que tendrás que tener, consejos para que crezcan más saludables, etc... ¡lo que sea relacionado con eso! . Pues bien, si estás hablando de ciertos cuidados, seguramente estos incluyan el uso de algunos productos que deberás emplear. Estos productos, te digo que casi seguro se podrán comprar en Amazon. Soy un completo cateto en lo que a plantas se refiere, pero si ponemos «productos cuidado plantas» en Amazon, obtenemos nada más y nada menos que 382 resultados:

Imagínate la de artículos podrás escribir con todos esos resultados. Además, podrás incluir las recomendaciones a esos productos desde los distintos posts en los que hables de cómo cuidar las plantas, podrás buscar algún producto en concreto del que vayas a hablar en tu artículo sobre «el cuidado de las plantas» y es posible que también lo encuentres.

En ese caso, podrás poner un enlace hacía ese artículo en Amazon y cualquier venta que se produzca de alguien que ha acabado ahí pasando por tu web y leyendo tu recomendación, te dejará a ti una comisión. Ves que es una buena forma de monetizar una web ya que este ejemplo lo puedes extrapolar a cualquier temática que se te ocurra. Ahora que ya sabes cómo va, vamos a ver como ser afiliado de este gigante en Internet.

¿Cómo ganar dinero con Amazon? ¡Me gusta y quiero usarlo!

Si estás pensando lanzar una web sobre una temática que podría permitirte recomendar productos Amazon, la forma de empezar a usarlo es muy simple y te la iré detallando a continuación.

Lo primero que tienes que hacer es registrarse en Amazon creando una cuenta en la página de Amazon Afiliados.

Diré que no necesitas tener una cuenta vendedor Amazon ya que realmente no vamos a vender productos en Amazon, sino que vamos a recomendarlos. Una vez que te hayas dado de alta como Afiliado Amazon, y la tengas activa, ya podrás entrar en tu panel de control del sistema de afiliados, donde tendrás acceso a:

- **Generar los enlaces y las creatividades** para promocionar los productos.
- Hacer un **seguimiento sobre cómo se está desarrollando tu actividad**: Las impresiones que están consiguiendo tus enlaces, los clicks que se hacen sobre ellos, las ventas que has realizado, etc.

- La **cantidad de dinero que llevas acumulado** en concepto de comisiones por la recomendación de tus productos.

- Un montón de **información** sobre cómo funciona todo, cómo usarlo, consejos para conseguir mejores resultados, etc.

Es una página muy completa donde encontrarás todo lo que necesitas para empezar a funcionar. Ahora que ya nos hemos apuntado vamos a ver como empezar a poner esta máquina con la que nos dará la sensación de **trabajar para Amazon desde casa**, pero con la que realmente podremos generar buenos ingresos con nuestra web y sobre cualquier temática, a base de vender productos de su tienda («vender» entre comillas).

¿Qué opciones tengo para promocionar un producto en Amazon Asociados?

En esta parte te voy a hablar de las opciones más *«básicas»* ya que luego te puedes meter en cosas mucho más avanzadas como hacer uso de su API para obtener información de productos y demás, pero bueno, eso ya es otro cantar. Vamos a empezar con las opciones que veremos a simple vista, y que seguramente cumplan al 100% lo que podréis necesitar para monetizar vuestra web con Amazon. Desde el panel principal de tu cuenta en Afiliados Amazon, en el menú superior, vamos a encontrarnos con las siguientes posibilidades:

Vamos a ir comentando cada una de esas opciones para que entendáis que os ofrecen.

1 – Promocionar productos Amazon: Enlaces de productos.

Lo que te va a permitir Amazon a través de esta sección es la de **promocionar un producto directamente de una forma rápida**. Esto podrá ser a través de un enlace, o de un widget con:

- Una imagen del producto.
- El título del mismo.
- El precio.
- Un botón para comprar el producto en Amazon.

Una vez que entres en esa sección, tendrás un botón para buscar el producto que quieras promocionar, por ejemplo:

También tendrás un buscador por el que podrás navegar para encontrar productos de una categoría concreta, o lo que quieras. O bien por un lado, como por otro, veremos un resultado de nuestra búsqueda:

¡¡En este caso me han salido 156 artículos solo para la búsqueda de «palo GOPRO «!! En la lista ves que tienes:

- Una foto al producto.
- El enlace para que veas su página de venta con la descripción y demás.
- El precio.
- Y lo más importante, el botón para «Obtener el enlace».

Al pulsar en ese botón es donde vamos a ver las opciones para poder insertarlo en nuestra web. Vamos a elegir el de la mano con el palo amarillo:

Ahí tienes todas las opciones que necesitas, en este caso, para incluir un widget que muestre el producto de Amazon. El resultado final lo ves en la parte de la derecha según lo que configures en las opciones de la izquierda.

A parte tendrás en la parte inferior el código directo que tendrás que incluir directamente en tu web. Como ves, te podrías montar directamente dentro de tu web un catálogo con widgets de este tipo mostrando todos los productos de una temática, los cuales irían luego a Amazon a comprar a través de tu web (obteniendo tú una comisión).

Si lo que quieres es **conseguir un enlace de texto** para la página de Amazon que muestra ese producto, también tienes la opción de «*Solo Texto*» en la parte superior.

2 – Promocionar productos Amazon: Enlaces de banners.

Otra opción que nos ofrece Amazon es la de **añadir banners en nuestra web** acerca de su tienda. En esta parte podremos buscar una gran multitud de banners de todo tipo para encontrar el que pensemos que mejor funcionará con nuestra audiencia y temática de nuestra web. Por ejemplo, si tienes una página de productos de electrónica, a lo mejor puedes poner un banner de este tipo:

Incluso también podrás conseguir **banners sobre Cheques de regalo**, que pueden funcionar muy bien según sea la temática de tu página:

O también hay una **sección especial donde verás ofertas** que haya en ese momento en Amazon. Esta irá cambiando mostrándote banners diferentes cada día con los productos que mejor resultado estén dando o que de repente hayan bajado mucho su precio. En definitiva, podrás encontrar un banner a medida para lo que que estés buscando en tu web. Todos ellos ya preparados y con el código listo para que lo pegues directamente en donde quieras mostrarlo.

3 – Promocionar productos Amazon: Enlaces a cualquier página.

Esta parte es mi favorita, y personalmente la que suelo usar siempre yo. Como su nombre indica, **te permite crear un enlace con tu referencia de**

afiliado (para que se te acredite a ti la comisión) **sobre cualquier producto que veas en la página de Amazon.** El funcionamiento es muy simple, ya que solo tendrás que poner la URL de la página del artículo que sea, y el texto que quieres que se muestre en tu web como anchor del enlace.

Por poner un ejemplo de cómo sería:Al pulsar sobre «*Obtener HTML*» te dará directamente el código que tienes que pegar en tu web. Esto podrás pegarlo directamente dentro de tu artículo. En vez de pegar todo el texto, también podremos obtener directamente la URL:

Así será más fácil de añadir en cualquier parte de nuestro artículo.

4 – Promocionar productos Amazon: Comprobador de enlaces.

Si no estás muy seguro de si alguno de los enlaces de afiliados Amazon que has puesto en tu web funciona o no, puedes usar esta opción. Simplemente tendrás que copiarlo y pegarlo y ya te dirá si todo está OK o no.

Muy bien, pero ¿Cuánto te paga Amazon?, ¿Cuales son las comisiones?

Las comisiones irán en función del país donde estés operando. Por ejemplo, estas pueden diferir en Amazon UK respecto a Amazon US o Amazon España. En el caso de España, estos son las comisiones a día de hoy (obtenidas directamente desde su web):

Vemos, por ejemplo, que en la sección de «*Comprar ropa Online*«, que pertenece a la parte de Amazon denominada AmazonBuyVip, se obtendría un 10% de comisión, mientras que en otras recibiríamos un 8 o un 5.

Algunas peculiaridades que tendrás que saber sobre Amazon Afiliados:

Como siempre, todo tipo de sistema de afiliados tiene sus peculiaridades, y los de un gigante como Amazon no iban a ser menos. La parte buena es que **vas a poder recomendar un sinfín de productos,** casi un número infinito y de cualquier temática, por lo tanto, vaya de lo que vaya tu web, seguro que algo te cuadra.

Por ejemplo hasta para la categoría de Marketing Online serviría ya que venden multitud de libros también.

Otra cosa es que los beneficios generados se irán acumulando en tu cuenta de Afiliados Amazon. Ahí estará hasta que llegues a **un mínimo de 25 euros**, que será la cantidad a partir de la cual **te harán un ingreso a tu cuenta** según la modalidad de pago que elijas.

Metodos de pago con el programa de afiliados de Amazon.

Algunos de vosotros me habéis preguntado la forma en la que se puede recibir el dinero que hemos acumulado al ser afiliado de Amazon. Las modalidades que ofrecen son tres:

- A través de transferencia bancaria que recibirás cada mes cuando lo que tengas acumulado sea superior a 25 euros. Aceptan bancos de una gran cantidad de países.
- Recibir la cantidad acumulada a través de un cheque regalo de Amazon. Esto será posible también cuando hayas superado los 25 euros.
- Recibir por cheque una vez acumulados los 50 euros.

He de decir que son fiables al procesar los pagos que ya han sido confirmados. Esto lo suelen hacer a los pocos días de haber realizado la compra la persona recomendada a través de nuestro enlace. Esta parte es un punto a favor ya que en muchas plataformas de afiliados, estos saldos no los confirman hasta 3 meses después.

Entra en Amazon y luego ya decide qué quieres comprar.

Una de las mejores ventajas que tiene el sistema de afiliados de Amazon es que la comisión la recibirás sobre cualquier producto que la persona que hayas referido a esta web compre. Por poner un ejemplo: Imagina que en tu web estás hablando de móviles y esta persona entra a tu página en la que le estás mostrando una gran comparativa entre distintos terminales. En cada uno de ellos pondrás un enlace a Amazon donde podrán comprobar tanto el precio como otras características. En ese momento tiene curiosidad por saber cuánto vale uno de ellos y entra, a través de tu enlace de afiliado, en la web de Amazon. Desde ese momento ya constará como que esa persona viene recomendada por ti.

Lo bueno es que **no solo ganarás comisión por el producto que le has recomendado**, sino por cualquiera que pudiera comprar en toda la web. Por ejemplo, imagínate que entra en la web de Amazon y al final no le convence el móvil, pero en la misma ve un montón de productos que le pueden gustar. Si acaba comprando cualquiera de ellos, obtendrás de igual manera tu comisión. Aunque sea un abono para las plantas que de repente ha visto que le hacía falta.

Lo bueno de Amazon es que tiene muy bien hecha la web, y casi la mayoría de las veces que entras en ella, consiguen mostrarte algo a modo de recomendación que te llamará la atención. Eso hace que el número de ventas en su web sea más alto y tú con solo haber llevado a esa persona a Amazon, ya obtendrás comisión por cualquier artículo que compre.

Qué te gustan los jarrones hechos en barro de coco y pintados con saliva de cantante de flamenco… ¡Los venden!

Si, no me preguntes porqué, pero es lo primero que se me ha ocurrido así sin más…Tranquilo.

Es posible que visite pronto a mi sicólogo jeje, Lo que quiero decir es que **¡venden de todo en Amazon!** Eso te dará opciones de abrir una web sobre cualquier producto que se te pueda imaginar. Por tanto es una muy buena forma de encontrar algún producto sobre el que casi nadie hable y por tanto no tengas mucha competencia para posicionarte en los primeros puestos de los buscadores. La búsqueda de la combinación perfecta, que viene a ser, Encuentra algo que la gente busque y sobre lo que nadie hable, gracias a Amazon puede ser posible de monetizar.

¿Que no me crees que puedes encontrar lo que quieras?

Pues mirando así por encima un poco en Amazon te diré….

- ¿Que quieres hacer una web donde vendas orina de lobo? ¡Lo tienes!
- ¿Y si quisieres vender Uranio? ¿Porqué no??
-

Promocionas, vendes y cobras sin que te salgan canas...

Una gran desventaja que tienen en general los sistemas de afiliados es la lentitud del proceso desde que consigues vender algo hasta que realmente está el dinero en tu cuenta. Normalmente el proceso completo sería el siguiente:

- Promocionas un artículo en tu web.

Para eso te inscribes en algún tipo de plataforma de afiliados como podría ser Shareasale o Tradetracker.

- Alguien visita tu web, le interesa el producto, y acaba yendo a la página del anunciante a comprarlo.
- Ok, ¡has conseguido una venta por la cual ganarás una comisión!

Ahora empieza el proceso lento:

- El anunciante tiene que confirmar a la plataforma de afiliación que ha terminado correctamente la venta del producto y ha recibido el dinero.
- En ese momento el anunciante paga la comisión correspondiente a la plataforma de afiliación. De esa comisión una parte se la queda la

plataforma de afiliación y otra te llegará a ti.
- Ese proceso de pago puede ser de hasta 30 o 60 días.
- Cuando la plataforma de afiliación recibe el pago por parte del anunciante, es cuando empezará su proceso para pagarte.

Al final, desde que vendes algo como afiliado hasta que recibes realmente el dinero en tu cuenta bancaria, cheque, cuenta de Paypal, o como sea, pueden pasar hasta 90 días (¡¡o incluso más!!!). En el caso de los afiliados de Amazon el proceso es mucho más rápido. Sería el siguiente:

- Tú recomiendas un producto que a alguien le interesa y lo compra.
- En el momento en el que ese producto es pagado y enviado al cliente final, se te confirmará en tu cuenta.
- El pago lo recibirás pasado un mes, siempre que hayas acumulado más de 25 euros de comisión en tu cuenta.

Sino, se acumulará hasta el mes que consigas llegar a esa cantidad. Cuando digo pasado un mes me refiero a:

- El pago de enero se realiza a finales de marzo.
- El pago de febrero se realiza a finales de abril.
- El pago de marzo se realiza a finales de mayo.
- Etc.

Aunque tampoco es tan rápido, el proceso no es tan lento como en otros sistemas así que recibirás antes tu dinero.

La confianza está servida entre los que compran online.

Lo bueno de vender productos de Amazon es que **cuentas con la reputación que ha ido ganando a lo largo del tiempo.** Hay muchísima gente acostumbrada a comprar en esa tienda desde hace años y eso corre a tu favor a la hora de promocionar sus productos. Si promocionaras productos de otra tienda, podrías correr el riesgo de que alguien entrara en ella y al final no le diera buena espina y acabara abandonándola, lo que no te generaría ningún tipo de comisión. Por tanto, tu trabajo será solo mandarles a la web de Amazon, ya que el resto corre de su cuenta. Ya disponen de todos los elementos necesarios de confianza así como una buena optimización para que al final acabes encontrando algún producto que necesites.

Si quiero que visites algo, ve a ello, nada de dar vueltas en balde.

La plataforma de afiliados a la que tendrás acceso cuando te des de alta en el programa de recomendación de productos de Amazon tiene un buen número de **herramientas para facilitarte el trabajo en su promoción.**

Alguna de estas opciones es la de permitirte generar un enlace a la página exacta que quieras. No tendrás que seleccionarla de ninguna lista ni llevar a tu lector a una página general, como podría ser la portada por ejemplo.

Si estás hablando de una funda molona para Iphone, podrás mandarle directo a ella con un enlace como este (es un enlace de afiliado). Otras opciones de lo que podrías hacer sería mandar a la página de búsqueda de un producto concreto. De esa forma te aseguras que siempre estarás mostrando los productos más actuales en tu web.

Eso evita que al final tengas que confiar en que la persona que entra en tu enlace de afiliado tenga que ir desde la home al producto concreto. Seguramente en muchas ocasiones se perdería por el camino y acabaría abandonando la página, como pasa en otros sistemas de afiliados.

2. Clickbank

¿Qué es Clickbank?

Clickbank es una plataforma de marketing digital, donde podemos encontrar miles de productos para comercializar en Internet.

He leído que Clickbank es la mayor plataforma de marketing en Internet. No se si es cierto, pero sin ninguna duda es una de las mas grandes y conocidas.

En Clickbank puedes encontrar miles de productos digitales en todos los idiomas, enfocados a diferentes nichos de mercado y en una gran variedad de precios.

Clickbank tiene un mercado de productos dividido en varias categorías, como son:

- Arte y entretenimiento.
- Negocios e inversiones.
- Computadoras e Internet.
- Cocinas, comidas y vinos.

- Comercialización electrónica.
- Educación.
- Empleo y trabajo.
- Ficción.
- Juegos.
- Productos ecológicos.
- Salud y estado físico.
- Hogar y jardín.
- Idiomas.
- Móvil.
- Crianza y familia.
- Política y actualidad.
- Referencias.
- Autoayuda.
- Software y servicios.
- Espiritualidad.
- Deportes.
- Viajes.

¿Es Clickbank una estafa?

Clickbank no es una estafa.

Clickbank es una empresa seria, que ha estado funcionando durante más de 15 años y generando comisiones a miles de personas en todo el mundo, entre ellos, a mí.

Comerciantes de productos registran sus productos y **el dinero proviene de ventas reales de estos productos, generándose altas comisiones para los afiliados que comercializan y venden los distintos productos.**

Yo mismo he llegado a generar ~~2.600€ en un mes con uno de mis blogs~~, siendo el 90% de esos ingresos de comisiones por venta de productos de Clickbank.

En la siguiente imagen puedes ver los ingresos por días que he obtenido.

¿Como funciona Clickbank y como puedo ganar dinero con Clickbank?

Puedes **ganar dinero** con Clickbank de dos maneras: Como comerciante y como afiliado.

Ganar dinero con Clickbank como comerciante.

Podemos decir que este es el método *«mas complicado»* para **ganar** dinero con Clickbank, ya que necesitas tener un producto propio, y que este sea de calidad, para que se consiga vender.

Al crear un producto digital sobre cualquiera de las temáticas que hemos mencionado anteriormente, te registras en *Clickbank* y lo das de alta dentro del *mercado de productos de Clickbank*.

Dentro del precio final del producto, tendrás que establecer que porcentaje ofreces como comisión a los afiliados que vendan tu producto.

Por cada venta que un afiliado consiga de tu producto, el porcentaje que tu establezcas será para el afiliado que ha conseguido la venta, un pequeño porcentaje será para *Clickbank* y el resto será para ti.

Ejemplo de como ganar dinero con Clickbank como comerciante.

Imagínate que eres un experto en adiestrar perros, y creas un curso digital completo o un videotutorial sobre como adiestrar perros.

Creas una landing page donde expliques con todo detalle los beneficios de tu producto y donde el cliente pueda comprar el producto y descargárselo.

Te registras en *Clickbank*, y das de alta tu producto, ofreciendo a los afiliados un 75% de comisión por cada venta.

Inmediatamente miles de **afiliados** de todo el mundo tendrán acceso a tu producto, pudiendo obtener un enlace con su código de afiliado, con él que recomendar tu producto y a través del cual podrán enviar visitas a tu landing page.

Afiliados de Clickbank que tienen blogs sobre perros y mascotas empiezan a recomendar tu producto y a generar ventas.

Cuantos mas afiliados recomienden tus productos, mas ventas conseguirás.

Imagínate lo que es tener a cientos de afiliados recomendando tu producto en sus blogs, blogs que son leídos por miles de personas cada día.

Ganar dinero en Clickbank como afiliado.

Este es el método *«mas sencillo»* para **ganar dinero con Clickbank**, ya que no necesitas crear tu propio producto, sino solo recomendar productos de terceros.

Al registrarte en Clickbank como **afiliado**, tienes acceso a los miles de productos disponibles, pudiendo realizar búsquedas mediante filtros como idiomas, precio, comisión, etc.

Cuando eliges un producto para comercializar, se te proporciona un enlace con tu código de afiliado. Este es el enlace que tienes que utilizar para enviar clientes a la landing page del vendedor del producto.

Por cada producto que consigas vender obtendrás una comisión que puede ser de hasta el 75% del precio total del producto.

Ejemplo de cómo ganar dinero con Clickbank como afiliado.

Imagínate que tienes un blog sobre vida sana, comida sana y como estar en forma.

Has estado trabajando en tu blog, publicando contenido de calidad para tus lectores, y tras varios meses de trabajo, has conseguido posicionarte en Google y las visitas han empezado a llegar.

Gracias a la calidad del contenido de tu blog, has conseguido crear una pequeña comunidad de lectores fieles a tu blog.

Te registras en Clickbank y accedes al mercado de productos, donde encuentras un producto digital que crees que es el ideal para tus lectores: <u>Como adelgazar para estar en forma en 10 semanas</u>.

Investigando en Internet compruebas que hay muy buenas opiniones respecto a este producto.

Obtienes el enlace con tu código de afiliado y escribes un post en tu blog donde hablas de este producto, con sus beneficios y las razones por las que crees que tus lectores deberían comprarlo.

Al final del post publicas el enlace que mandará a tus lectores a la landing page del comerciante del producto, donde tus lectores podrán comprar el producto.

Por cada venta que obtengas, generarás una comisión que puede ser de hasta el 75%.

Imagínate la cantidad de ventas que puedes conseguir con un blog que reciba miles de visitas todos los días.

3. Rakuten affiliate Network

Rakuten Affiliate Network es un programa de afiliados que permite ganar dinero a través de la promoción de múltiples productos y servicios de todo tipo a través de la Internet. Pero antes de seguir adelante vamos a explicar brevemente en que consisten los programas de afiliados.

¿Que es un programa de afiliados?

Los programas de afiliados están involucrados en el marketing de afiliados, y el marketing de afiliados es donde los comerciantes tienen una oportunidad para promover los productos/servicios que están vendiendo a través de canales distintos como blogs, redes sociales, foros, etc. El afiliado gana su dinero a través de la comercialización exitosa de productos/servicios de compañías/comerciantes, lo que en última instancia conduce a las ventas.

¿Que es Rakuten Affiliate Network?

Rakuten es una plataforma donde los anunciantes/comerciantes pueden establecer su propia tienda en línea y vender sus productos. Funciona de forma un poco similar a eBay o Amazon.
Rakuten Marketing se especializa en la construcción de vínculos y buenas relaciones profesionales entre los comerciantes y los afiliados. Esto es especialmente bueno para los comerciantes o propietarios de negocios,

ya que no es necesario gastar mucho tiempo ni dinero en la comercialización, ya que están contentos de encontrar buenos afiliados para comercializar sus productos/servicios. Rakuten Affiliate Network ha sido elegida como la red de marketing de afiliados número 1 durante 5 años consecutivos.

Ventajas de Rakuten Affiliate Network

- La inscripción es totalmente gratuita.
- Hay una mayor exposición a una gran cantidad de compañías y comerciantes especialmente seleccionados.
- Rakuten Affiliate Network (anteriormente LinkShare) es una marca bien establecida y de buena reputación.
- El panel de control es fácil de usar.
- Ofrece un gran apoyo y proporciona herramientas integrales de educación y capacitación para ayudar a optimizar las ventas.
- Ahora también paga a través de Paypal.

Desventajas de Rakuten Affiliate Network

- Las pequeñas empresas y los editores pueden ser filtrados por el proceso de preselección.
- Los plazos de pago para los editores son impredecibles – por ejemplo, los editores pueden recibir el pago dentro de una semana con algunos anunciantes, sin embargo también pueden esperar durante 60 días o más con otros anunciantes.

¿Como funciona Rakuten Affiliate Network?

Rakuten Affiliate Network funciona como todas las otras redes de afiliados. Permite a los anunciantes (comerciantes, empresarios, etc.) y a los editores (individuos, vendedores y afiliados) inscribirse en la red y crear una cuenta. El objetivo de la red es establecer una conexión entre las dos partes con el fin de construir relaciones profesionales exitosas. Rakuten Affiliate Network actúa como un mercado digital donde los anunciantes publican oportunidades de publicidad (los productos/servicios del anunciante) para los editores. Los editores a continuación buscan las oportunidades que están disponibles y eligen las ofertas que ellos piensan que van a comercializar bien y que les permitirán ganar dinero. El objetivo principal del editor es tomar los productos/servicios del anunciante y comercializarlos a través de sus propios canales, es decir el sitio web/blog del afiliado, etc.

Por ejemplo, un editor que tenga un blog exitoso sobre finanzas e inversiones con una buena reputación y un alto nivel de tráfico, puede ganar dinero promocionando servicios o productos financieros, como banca online, tarjetas de crédito y otros similares.

¿Cómo me inscribo en Rakuten Affiliate Network como Afiliado/Editor?

La inscripción en Rakuten Affiliate Network es muy simple y directa. Si usted está en la página web de este programa de afiliados tiene que dirigirse a la parte superior de la página en la que hay un botón que dice '**Publisher Join**'. Al hacer clic en este botón será redirigido a otra página en donde verá el formulario para inscribirse en Rakuten, en el cual se solicitan datos personales. datos de contacto, dirección, sitio web/blog, umbral de pago, idioma de preferencia y otros datos similares.

Al final del formulario está el acuerdo de adhesión al programa, el cual se recomienda leer con cuidado.
Una vez que el formulario es completado, la solicitud es revisada por un periodo de 24 horas. Si es aceptada (lo que ocurre en la mayoría de los casos), el editor podrá entrar al panel de su cuenta y seleccionar los productos/servicios para promocionar que mejor se adapten a los canales que va a emplear.

Productos y servicios que se pueden promocionar en Rakuten Affiliate Network

Las categorías de productos y servicios que se pueden promocionar en este programa de afiliados son:

- Accesorios y ropa
- Adultos
- Automóviles
- Comidas y bebidas
- Computación y electrónica
- Entretenimiento
- Familia
- Grandes tiendas de departamentos
- Hobbies y Coleccionables
- Hogar y vida
- Internet y Servicios Online
- Juegos y juguetes
- Misceláneos
- Negocios y carreras
- Oficina
- Regalos y flores
- Salud y Belleza
- Salud y Fitness
- Servicios financieros
- Telecomunicaciones
- Viajes

La sección de categorías ofrece una amplia variedad de opciones para que los editores encuentren los anunciantes que mejor se adapten a sus intereses. El panel para los editores en Rakuten Affiliate Network es bastante fácil de usar y completo y es una gran herramienta para ayudar a crear y dirigir un negocio de marketing de afiliados online y es absolutamente gratis.

¿Vale la pena probar Rakuten Affiliate Network?

Los dueños de sitios web con buena reputación y un nivel de tráfico decente pueden obtener buenos ingresos en Rakuten Affiliate Network, uno de los programas de afiliados más recomendables en la actualidad. Sus muchas facilidades y herramientas lo han convertido en el programa de afiliados número 1 en la actualidad, así como el hecho de que ofrece una amplia selección de ofertas proporcionadas por los anunciantes.
Pueden visitar el sitio web de Rakuten Affiliate Network y abrir una cuenta sin costo alguno,

4. Hotmart

¿Qué es Hotmart?

Hotmart es una **plataforma de afiliados** que ofrece una gran variedad de productos en diferentes idiomas, su interfaz tiene gran cantidad de opciones para configurar y comenzar a trabajar, a continuación, te daré algunas de sus opciones y así puedas comenzar a utilizarla.

Puedes ser creador o afiliado
La creación de la cuenta es gratuita y tan pronto la activas tienes dos opciones, una es ser creador de tu producto para que otras peruanas lo recomienden o si no cuentas con un producto propio puedes ser **afiliado** y recomendar los productos de otras personas.
Para todo aquel que entra en este mundo del **Marketing** puede comenzar como afiliado, en este punto seleccionas esta opción y el sistema te comenzará a brindar distintos productos por diferentes categorías para que puedas seleccionarlo, una vez seleccionas le producto de tu interés podrás mandar la petición al dueño del producto para que te de un enlace de **afiliado**, lo que te acabo de comentar será así:

¿Cómo funcionan los pagos?

Una vez tu solicitud es aprobada puedes comenzar a promocionar el producto. Para los pagos puedes solicitar que te hagan transferencias bancarias o que te consignen a tu cuenta de **Payoneer** y serán 30 días después de que la compra se ha efectuado ya que en las políticas del consumidor están los 30 días de garantía para la devolución del dinero.

Esto que te acabo de comentar es una explicación a grandes rasgos de esta **plataforma**, como ya sabrás mi objetivo es brindarte diferentes alternativas para que emprendas en Internet y el Marketing de afiliados es una con un futuro bastante prometedor.

Cómo Ganar Dinero Con Hotmart:

Si estás leyendo estas líneas, seguramente estás buscando información sobre **cómo ganar dinero con Hotmart** y es que en los últimos meses esta plataforma de productos digitales ha crecido como la espuma, por su fácil utilización y muchas ventajas que les brinda a la gran mayoría de emprendedores hispanos.

A lo largo de estos años en los negocios en Internet, he conocido muchas plataformas similares a Hotmart, tales como ClickBank, Jvzoo, Click2Sell, por mencionar algunas. Debes de tener en cuenta, que al igual que estas otras plataformas, Hotmart solamente es un procesador de pagos para vender tus propios productos en Internet o productos de afiliado, a cambio de una comisión y esto es lo que voy a explicarte.

Vas a conocer cómo ganar dinero con Hotmart vendiendo productos como afiliado, es decir, productos que tú vas a promover a través de un enlace único y por cada venta que hagas vas a ganar una comisión. Es extremadamente sencillo, sin embargo, para lograr ventas es necesario que sigas una metodología sencilla pero con mucha disciplina, es la única manera de lograr resultados. Así que sigue estos pasos concretos que voy a darte para que comiences a ganar dinero rápidamente.

Cómo Ganar Dinero Con Hotmart: La Metodología De Los Súper Afiliados

Si quieres generar ingresos con esta plataforma o con cualquier otra, la metodología es la misma y a continuación voy a describirte paso por paso cómo ganar dinero con esta actividad.

- Crea tu cuenta y *regístrate completamente gratis en Hotmart*
- Elige un **producto a promover** dentro del mercado de **Hotmart**
- Crea tu *enlace de afiliado* del producto que elegiste o solicita tu afiliación
- Crea un **embudo de marketing** para promocionar el producto
- Crea una *página de Fans en Facebook* del nicho de mercado para promocionar tu embudo de marketing
- Haz **contenido diario en tu página de Fans** para enganchar con tu audiencia y recomendar tu embudo de marketing
- Crea un *canal de YouTube* para subir videos relacionados al nicho de mercado al que pertenezca tu producto
- Paga por **publicidad** para llegar a más personas dentro de Facebook que conozcan tu página de fans y lleguen prospectos a tu embudo de marketing
- V*ende, vende, y vende* desde el principio

Esta es la metodología más efectiva que utilizamos los súper afiliados para **ganar dinero con Hotmart** o con cualquier otra red de afiliados y que mejores resultados puede brindarte, ahora bien, cada uno de estos pasos no es tan complicado de hacerlo y brevemente voy a mencionarte algunos aspectos importantes a tener en cuenta. De cualquier forma te recomiendo que te suscribas a mi curso gratis ya que tengo una serie de videos tutoriales en los que te enseño a poner en práctica todo esto que acabo de mencionarte, al mismo tiempo voy a compartir contigo una video clase para que comiences hoy mismo a ganar tus primeros $1,000 dólares con Hotmart. Puedes inscribirte haciendo clic aquí.

Bien, ahora voy a describirte muy brevemente los pasos que conforman la metodología para ganar dinero con Hotmart que te mencioné anteriormente.

1. Crea Tu Cuenta Con Hotmart

Este es el primer paso, lo bueno es que para inscribirte como afiliado no necesitas pagar absolutamente nada, es completamente gratis inscribirte y comenzar a investigar qué productos quieres promover. Recuerda que puedes ir aquí para inscribirte a mi curso gratis.

2. Elige El Producto A Promover Dentro Del Mercado De Hotmart

Ahora que ya tienes tu cuenta, el siguiente paso es seleccionar el producto que quieras promover. Para esto debes de ir al mercado de Hotmart y allí puedes investigar por medio de palabras clave los productos disponibles para la venta. Tienes que seleccionar la opción de productos en español para que te aparezcan los productos disponibles según el nicho de mercado que hayas seleccionado.

3. Crea Tu Enlace De Afiliado

El siguiente paso para ganar dinero con Hotmart es crear tu enlace de afiliado. Este es un enlace único que identificará las ventas que vengan de tu parte para pagarte la comisión respectiva. Este enlace es el que te hará ganar grandes comisiones. Algo que tienes que saber es que puedes sacar tú mismo el enlace o mandar solicitud de afiliación, de acuerdo a la configuración que el dueño del producto tenga dentro de su cuenta de Hotmart, esto lo ves dentro del video que encuentras en mi curso gratis.

4. Crea Tu Embudo De Marketing

Esta es la parte más importante para *ganar dinero con Hotmart*. Si no creas tu propio embudo, pueda ser que coloques como loco tu enlace de afiliado por todos lados y tal vez hagas algunas ventas, pero solo serán ventas dispersas, no será un verdadero negocio. Por lo tanto, tienes que hacer tu propio embudo de marketing a través del cual tu prospecto se convertirá en cliente a lo largo de un proceso de venta que irás desarrollando por medio de correo electrónico.

5. Crea Una Página De Facebook

El crear una página de Fans dentro de Facebook es de vital importancia para conectar con tu audiencia. Las redes sociales juegan un papel muy importante para ganar dinero por internet ya que te dan la autoridad para recomendar cualquier producto o servicio y generar ingresos en el proceso. Te recomiendo que crees una página de fans para que las personas te conozcan y sepan que eres una autoridad en tu nicho de mercado, es la única forma de que sepan que existes.

6. Hacer Contenido Diario Para Tu Página De Facebook

El crear contenido hará que las personas se enamoren de tus productos, servicios o lo que sea que estés recomendando. El hacer contenido diario te va a dar la posición de experto en tu nicho de mercado, para ello es importante que publiques diariamente entre 6 y 8 publicaciones en tu página de fans, puedes colocar fotos con frases videos y transmisiones en vivo relacionadas a tu nicho de mercado para enganchar con tu público. Aunque sea demasiado trabajo, debes hacerlo sí o sí.

7. Crea Un Canal De YouTube

El tener una presencia en **YouTube** es vital ya que es el segundo buscador más grande del Internet. Si quieres ganar dinero con Hotmart, debes de tener un canal de YouTube no solo para recomendar enlaces hacia tu producto o hacia tu embudo de ventas, sino que también para que la gente te vea directamente a ti que le estás dando contenido de valor a través de todos los medios sociales. Uno de los trucos que te recomiendo es que las transmisiones en vivo que te mencionaba antes, las puedes descargar y subir a YouTube. Es una excelente estrategia para crear más contenido en medios sociales con el menor esfuerzo.

8. Pagar Por Publicidad

La publicidad es vital para ganar dinero con Hotmart recomendando productos y servicios. Si no haces publicidad, nadie se dará cuenta de que existes. Por lo tanto, es importante que pagues por publicidad para llegar a más gente, que más gente vea tus productos, servicios, que se suscriban a tu embudo de marketing para tener un verdadero negocio. Yo te recomiendo que cada vez que pagues por publicidad lo hagas para conseguir más fans, viralizar una imagen, promocionar un video con contenido de valor y promocionar un video con contenido comercial. Siempre trata de rentabilizar cada una de la publicidad que hagas enviando a las personas hacia tus embudos de marketing.

9. Vende, Vende Y Desde El Principio Vende

No tengas miedo a recomendar un producto o servicio, si quieres ganar dinero debes de ofrecerle el producto a tu audiencia haciéndoles ver que no es un producto solamente, sino que es una solución a su problema y es lo que ellos necesitan para ser felices. Desde el primer correo electrónico trata de vender, es la única forma de rentabilizar la profesión del marketing por internet y ganar dinero con Hotmart o cualquier otra red de afiliados.

Estos son los pasos que seguimos los súper afiliados para generar miles de dólares al mes, incluso al día puedes generar grandes días de pago siguiendo esta metodología, pero si te quiero dejar bien claro que el éxito radica en el trabajo duro y constante. Tienes que trabajar, esto no es que te vas a ganar la lotería ni mucho menos, es un negocio y como tal requiere de trabajo duro de tu parte.

Capítulo 3
Como Ganar Dinero con Dropshipping

¿Qué es y cómo funciona el Dropshipping?

El Dropshipping es un sistema online con el cual te conviertes en un intermediario entre el proveedor de un producto y el cliente que termina comprando el producto.

Cada vez son mas las empresas en Internet que te ofrecen este método para poder ganar dinero.

¿Como comercializas los productos del proveedor?

Depende de ti.

Lo mas normal es crear tu propia tienda online, aunque también se pueden utilizar otros métodos como **hacer un blog**, publicar vídeos en Youtube o utilizar plataformas como Ebay.

El **Dropshipping** es un sistema muy sencillo y eficaz con el cual no necesitas realizar una gran inversión para tener stock de los productos que vas a comercializar.

Digamos por ejemplo que quieres **crear una tienda online** para empezar a funcionar con este sistema.

Cuando uno de tus clientes entra en tu tienda online y compra un producto, solo necesitas contactar con tu proveedor para realizar el pedido del producto comprado, pagándole el importe de dicho producto.

Una vez hecho esto, el proveedor mandará el producto a la dirección de tu cliente, sin que el producto tenga que pasar por tus manos. El cliente recibirá el producto sin ningún dato del proveedor, tal y como si lo hubieses mandado tu mismo.

Cuando el cliente te compre un producto, este tendrá las mismas garantías que si lo compra directamente al fabricante o en una tienda física.

Como puedes ver, el funcionamiento del Dropshipping es muy sencillo. Ganas dinero por cada venta que consigas al actuar como intermediario entre el proveedor y el cliente.

El dinero que tu ganas obviamente se genera al tu vender el producto un tanto por ciento mas caro que el precio que te cuesta a ti.

Se pueden comercializar todo tipo de productos con este método, como pueden ser libros, alimentación, ropa, dispositivos electrónicos, etc.

4 puntos a tener en cuenta para ganar dinero con Dropshipping.

Hasta ahora todo pinta muy bien. Un sistema con el que puedes **ganar dinero sin realizar una gran inversión**, pero no te precipites. No todo el mundo que utiliza este sistema llega a tener éxito.

Hay una serie de factores que debes tener en cuenta para no fracasar. Vamos a verlos a continuación.

1. Encontrar nichos de mercado rentables.

Lo primero a tener en cuenta es que no es recomendable crear una tienda online genérica con decenas de productos de todo tipo. El que mucho abarca poco aprieta.

Lo ideal es **especializarte en un nicho de mercado específico**, ya que los clientes en general suelen buscar tiendas especializadas y expertas en lo que están buscando.

Por ello no tengas prisa, y tómate tu tiempo en escoger el nicho de mercado al que enfocarás tu negocio.

Selecciona que tipo de cliente es tu cliente ideal, cual es la necesidad de dicho cliente, y como puedes tu satisfacer esa necesidad.

Dando respuestas a estas preguntas lograremos encontrar un nicho específico donde encontremos clientes que estén interesados en los productos que vamos a comercializar.

Por otro lado presta también atención a la competencia que vas a tener en el nicho escogido. Si la competencia es muy alta, te costará mucho darte a conocer y destacar entre tus competidores.

2. ¿Qué producto ofrecer?

De nuevo tómate tu tiempo en escoger bien que producto vas a comercializar. Cuanto mas novedoso sea tu producto mas fácil te resultará destacar entre los demás productos del mercado.

Ten en cuenta que si tu producto es el mismo que el que ofrecen tus competidores, la única manera de destacar entre los demás será ofreciendo un precio mas competitivo y de esta manera tus márgenes de beneficio se verán reducidos

3. ¿Que proveedor escoger?

Si quieres **ganar dinero con Dropshipping** no puedes escoger el primer proveedor que encuentres utilizando este sistema.

Muchos emprendedores han fracasado con este sistema por trabajar con malos proveedores que ofrecen productos de mala calidad o no son serios en los métodos de trabajo acordados.

Lo primero que tienes que hacer al encontrar un proveedor que ofrezca el producto que quieres comercializar es investigar un poco sobre dicho proveedor.

Busca en Internet opiniones de otros usuarios que hayan trabajado con dicho proveedor para ver si han quedado satisfechos o si por el lado contrario no te recomiendan la experiencia.

Para seleccionar un proveedor con el que trabajar tienes que hacerte las siguientes preguntas:

- *¿Ofrecen productos de calidad?*
- *¿Son serios y cumplen con lo acordado?*
- *¿Tienen una buena atención al cliente?*
- *¿Ofrecen garantías?*

4. Diseña una buena estrategia de marketing.

Puede que te encuentres en un punto donde hayas encontrado un producto novedoso que va a ser la *«caña de España»*, y ya sabes a que nicho de mercado enfocarlo, pero, ¿Âhora que?

Si tus posibles clientes no llegan a ti estás condenado al fracaso. Necesitas tráfico web.

En Internet tráfico web es sinónimo de dinero. Sin tráfico web no vas a ganar ni un euro.

Si dispones de dinero suficiente para invertir en publicidad, puedes desarrollar una campaña publicitaria en plataformas como Google Adwords o Facebook Ads, donde pagarás una pequeña cantidad por cada persona que haga click en tu anuncio.

Esto es lo ideal para obtener resultados a corto plazo, pero entiendo que no siempre tenemos el dinero suficiente como para invertir en publicidad.

Si este es tu caso, puedes utilizar otros métodos con los que podrás generar tráfico web hacia tu tienda online, pero los resultados tardarán un poco mas en llegar.

Algunos de estos métodos son:

- **Crear un blog** sobre la temática de nuestro producto.
- **Utilizar** el **videomarketing** en plataformas como Youtube.
- Aprovechar la **social media**, sobre todo Facebook, Twitter o Google Plus.
- Realizar **marketing de artículos** en webs con mucho tráfico web.

Conclusión.

¿*Realmente se puede ganar dinero con Dropshipping?* Si.

¿*Es fácil conseguirlo?* No.

Para tener éxito con este método no tienes que tener prisa y debes prestarle mucha atención a los factores que he mencionado anteriormente . De esta manera conseguirás **desarrollar un negocio online estable** que dé buenos resultados.

Cómo empezar a trabajar y ganar dinero como freelance

La "fiebre del emprendimiento" que tenemos hoy en día está llevando a muchísimas personas a darse de alta como autónomos profesionales o freelances y trabajar desde casa. Esas personas saben que tienen la capacidad suficiente para ejercer un trabajo por su cuenta y por lo tanto deciden no depender de que nadie los contrate.

El problema está en que **empezar como freelance puede ser muy duro**. Si nadie te conoce, nadie sabe de lo que eres capaz ni cómo trabajas, es complicado que alguien pueda contratarte. ¿Y cuál es la solución para este problema? Empezar trabajando en portales de trabajo freelance y hacerte tu propio "hueco" en el mundo 2.0.

En este artículo te voy a explicar cómo hacerlo y en qué lugares debes de ir a buscar esos primeros trabajos que, si bien no te van a hacer rico, te servirán para arrancar tu carrera de freelance y tener una base de trabajos y contactos.

Necesitas una página web o un blog

Si quieres trabajar como freelance en el mundo 2.0 **necesitas sí o sí tener una**

página web o un blog. Por mucho que después te vaya a enseñar portales en los cuales puedes ofrecer tu trabajo sin necesidad de tener una web, al final si quieres salir de esos portales y ofrecer tu trabajo desde una plataforma propia necesitas una página web.

Por lo tanto, antes incluso de hacer ningún tipo de trabajo tienes que asentar tu presencia en Internet. Hacer un blog con WordPress es muy barato, ya que contratar todos los servicios necesarios para hacerlo **no cuesta ni 100 € al año.** Sin embargo, si no tienes soltura en estos temas, también puedes contratar a cualquier profesional que te cree la web por un precio que oscila entre los 200 y los 800 euros, dependiendo de lo que busques.

Tienes que tener una página web en la que puedas ofrecer tus servicios, demostrar que sabes de lo que hablas escribiendo artículos en un blog y en el que todo el mundo pueda conocerte. En esa web subirás todos tus trabajos anteriores, opiniones de algunas personas con las que hayas trabajado y todo lo que creas que es necesario para generar confianza y clientes.

10 portales de trabajo para freelances

Por mucho que crees una web preciosa y que parezca diseñada por el propio Miguel Ángel, **al comenzar no te va a conocer nadie**. Tendrás que trabajar e ir haciéndote hueco en el mundo del profesional freelance poco a poco. Para que puedas conseguir dar esos primeros pasos, aquí te voy a dejar hasta 10 portales destinados a que un freelance pueda comenzar a conseguir clientes:

- Freelancer: es la referencia en España en cuanto a trabajo freelance. Tiene un completo sistema para registrar casi cualquier tipo de perfil laboral y todo tipo de puntuaciones y exámenes para acreditar qué es lo que sabes hacer. Funciona mediante subastas de proyectos, en las cuales puedes competir junto a otros freelances por un proyecto en concreto.
- Nubelo: otro portal que ofrece a cualquier tipo de freelances la

posibilidad de ofrecer sus servicios. Por ejemplo, puedes encontrar aquí desde una persona que te cree tu página web hasta una persona que te traduzca los textos desde cualquier idioma.

- Twago: muy similar a Freelancer, aunque bastante más desconocida. Tiene un sistema parecido de puntuaciones y también funciona a travésde la subasta de proyectos, por lo que tendrás que dar las mejores propuestas y demostrar que eres el mejor para conseguir dichos proyectos.
- Adtriboo: un portal de trabajo freelance orientado, sobre todo, a diseñadores. A pesar de que se puedan ofrecer otros servicios, como programación o grabación de vídeos, el diseño es lo que predomina en Adtriboo. Algunas empresas como Game o Yelmo Cines han creado parte de su imagen corporativa contratando freelances en este portal.
- 99 designs: portal exclusivo de diseño web. Si eres diseñador, este es el lugar al que debes ir a registrarte sí o si, aunque se

necesita tener un nivel alto para ser admitido y, sobre todo, conseguir que tus propuestas sean aceptadas por los clientes.

- **Greatcontent:** si lo tuyo es la redacción de contenido y eres muy bueno con las palabras, Greatcontent es un buen portal por el que comenzar a coger experiencia. De aquí sacan sus textos empresas como Groupon y la demanda suele ser bastante alta.
- **Textbroker:** página similar a Greatcontent y que está orientada a un público más general. Orientada a todo tipo de redactores web que quieran escribir contenido para diferentes clientes, desde empresas hasta dueños de un blog personal.
- **Geniuzz:** portal en el que puedes ofrecerte para prácticamente hacer cualquier tipo de trabajo. Desde crear un vídeo, pasando por un logotipo hasta dar servicios como consultor de marketing, de SEO y de otras temáticas. El abanico de actividades que puedes hacer es casi infinito. Tan solo necesitas registrarte, crear un anuncio, ponerle un precio a tu servicio y ser

competitivo en el mercado de tu sector.
- **Fiverr:** similar a Geniuzz, aunque con unos precios inferiores. Aquí ya no solo puedes ofrecerte para trabajos profesionales, sino para cualquier tipo de acción o trabajo. Podrías ofrecerte para grabar un vídeo, crear una canción, escribir un texto, hacer un logotipo y mil cosas más.
- **Foros:** los foros de tu sector son un buen lugar en el que encontrar trabajo. Casi todos los foros más reconocidos suelen tener una sección de compra-venta y servicios en la que puedes ofrecerte. Aquí es vital tener un blog o web en el que puedas mostrar lo que sabes hacer para generar confianza.

El mundo del freelance es complicado, pero gracias a estos portales y a la facilidad de comenzar a ofrecer tus servicios por Internet la vida de autónomo se hace mucho más sencilla. Prueba el portal que encaje mejor contigo y con tu profesión, comienza a ofrecer tus servicios y a posicionarte a través de tu web y a largo plazo **conseguirás ser un**

freelance de éxito y con el trabajo llamando a la puerta.

Capítulo 4

Como Ganar Dinero con Negocios de Suscripción

Los modelos de negocio de suscripción son una alternativa al sistema tradicional basado en clientes. Lo único mejor que los clientes son los suscriptores. Y cuando contamos con suscriptores, es más fácil calcular los ingresos futuros con un cierto nivel de certidumbre. Como vimos en un post anterior esta es precisamente la razón por la que Amazon (Amazon Prime y Kindle Unlimited), Apple (iTunes) y casi todos los nuevos emprendimientos de Silicon Valley están tratando de desarrollar un modelo por suscripción.

MODELOS DE NEGOCIO DE SUSCRIPCIÓN

1. Membresía en un sitio en la red

Un sitio en la red de membresía es donde se vende una suscripción ofreciendo acceso a información confidencial. El New York Times y el Wall Street Journal cobran por el acceso a la información. Esto fue recibido con cierta resistencia por parte de aquellos que consideran que toda la información en Internet debe ser gratis, pero el hecho es que sin incentivos económicos la calidad del contenido se vuelve deficiente. Si hay información de buena calidad es que hay una inversión en la producción y por lo tanto se debe cobrar por el acceso a la misma.

El modelo de negocio de sitio de membresía funciona bien:

– Si hay acceso a un flujo constante de información única que cambia rápidamente como resultado de factores externos.

– Si hay un nicho de mercado bien definido.

– Si hay otros productos o servicios como conferencias, coaching o cursos que se pueden vender a los suscriptores.

– Si se está resolviendo un problema real que los suscriptores enfrentan todo el tiempo.

– Si hay información valiosa en una variedad de formatos – vídeos, podcasts, transcripciones escritas, etc., así que los suscriptores pueden acceder en sus formatos preferidos.

2. Suscripción "todo lo que puedas obtener"

El modelo todo lo que puedas obtener ofrece acceso ilimitado a un almacén de material valioso online. El consumidor accede a través del pago de cuotas de suscripción.

Las empresas que utilizan este modelo de negocio son:

– Netflix: películas y programas de televisión.
– Ancestry.com: tiene 2 millones de suscriptores de pago de US$ 20 por mes para el acceso a los datos genealógicos.
– GameFly: videojuegos y películas.
– Linda.com: más de 3.500 cursos de cómo hacerlo.

El modelo de negocio de todo lo que pueda obtener del almacén funciona bien si:

– Existe un inmenso archivo con contenido al día que se puede adquirir a través de acuerdos de licencia o de reparto de ingresos.

– Existe una legión de fanáticos que ya consumen contenido libre y quieren más.

– Se puede conseguir el equilibrio adecuado entre la provisión de suficiente contenido gratuito para atraer el tipo adecuado de personas y luego se le ofrecen buenas posibilidades en la oferta de suscripción por pago.

3. Club privado
El club privado ofrece a los suscriptores acceso a algo que es raro y valioso -al igual que la oportunidad de establecer contactos con los altos ejecutivos de negocios. Se crea un club privado porque

hay señales de que algunos suscriptores están interesados.

Para mantener la exclusividad muchos de estos clubes privados cobran cuotas de suscripción de US$ 25.000 al año o más. Es como una oferta a un exclusivo resort donde los precios de entrada son tan altos que garantizan el respeto mutuo entre los suscriptores del club.

Las claves para que funcione el club privado son:

— Acceso a algo que está en oferta limitada y alta demanda, algún tipo de servicio de alto valor o experiencia.

— Ir hacia un nicho de mercado con perspectivas de logro.

— A la gente que se suscribe hay que darles un ultimátum: entra en una relación a largo plazo o pierda algo que es realmente único.

3. El primero de la fila

El modelo de negocio del primero de la fila es cuando se venden suscripciones de acceso prioritario a algún producto, servicios o experiencia. Este modelo ha sido popularizado por la industria del software, donde los suscriptores pueden obtener respuestas más rápidas de apoyo y ayuda prioritaria si pagan por un paquete de servicios. El modelo puede, sin embargo, ser aplicado de manera muy amplia.

En este modelo se dice claramente que no todos los clientes son tratados por igual. Es probable que los clientes grandes sean prioritarios, simplemente se deja claro quién puede ir de primero en la línea. Los parques de atracciones, por ejemplo, emiten "pases de oro" que pueden reducir el tiempo de espera.

Para que el modelo en primera fila funcione:

– Se ofrece un producto complejo o servicio que requiere considerable soporte post-venta o servicio.

– Los posibles clientes son sensibles a los precios, si no es así, las opciones de servicio de prioridad podrían ser atractivas.

– Para el cliente la espera en línea puede tener consecuencias catastróficas, estos estarán más dispuestos a pagar por el acceso prioritario.

5. Consumibles

El modelo de negocio de consumibles es cuando se ofrece una suscripción para un producto que el cliente necesita reponer sobre una base regular. La propuesta es porque ya se sabe que alguien necesita más hojas de afeitar o pañales en el futuro, por lo tanto puede suscribirse y luego no tener que preocuparse por quedarse sin el producto. El rápido crecimiento de los negocios mediante el modelo de consumibles ha llamado la atención de los grandes *players* como Amazon, que ha comenzado su propia versión llamada "Subscríbase y Ahorre". Amazon adquirió Diapers.com por US$ 500 millones y ha señalado que va a competir agresivamente en el mercado de consumo. Para competir contra Amazon y otros hay que construir una marca que ofrezca una experiencia única y proteja la cadena de suministro con celo.

Para tener éxito con el modelo de negocio de consumibles:

– Encontrar algo que los consumidores necesitan comprar de manera regular y que es molesto que se acabe o se necesita mucho tiempo para reponer.

– Poner la propia marca en el producto, incluso si se acaba de comprar a un proveedor.

– Invitar a que se enamoren de la marca al formar conexiones emocionales u ofreciendo una experiencia superior. Dar a los clientes una razón para que elijan la marca.

6. Caja de Sorpresa

El modelo de negocio de la caja sorpresa es exactamente eso: cada mes, alguien obtiene una caja de productos o golosinas seleccionadas especialmente. La caja de sorpresa puede contener versiones de prueba, productos de tamaño completo y más. Un buen ejemplo es BarkBox que envía una colección selecta de comida especial, juguetes y accesorios para perros por US$ 20 al mes. Lanzado en 2012, BarkBox contaba con más de 200.000 suscriptores en abril de 2018.

La gran característica de las cajas sorpresa es que los clientes obtienen una muestra de productos a un precio razonable con la esperanza de que esas muestras lo animen a comprar más en el futuro. Estas caja sorpresa animan a los clientes a evaluar los productos -lo cual genera datos muy valiosos a los proveedores. También es común que las cajas sorpresa incluyan cupones de descuento para la compra de otros productos.

Para que las cajas sorpresa funciones se debe:

– Considerar este modelo de negocio si se sirve a un nicho de mercado claramente definido. También se necesitará una buena red de fabricantes que estén dispuestos a dar un gran descuento por una orden de una sola vez y que tengan la capacidad para suministrar a tiempo.

– Tener la capacidad de manejar la logística en el envío de los productos físicos.

– Este modelo funciona si se construye un sitio web grande de comercio electrónico para utilizar los datos que genera.

7. Simplificar

Como su nombre indica el modelo de negocio simplificador consiste en solucionar una o más tareas recurrentes de la lista de tareas pendientes del cliente. Las empresas de tecnología comienzan a poner dinero en ayudar a los consumidores a salir de lo que les estorba. En 2013 Apple pagó US$ 40 millones para adquirir Cue, una aplicación asistente personal y Dropbox pagó US$ 100 millones por Mailbox, una aplicación de gestión de la bandeja de entrada.

Si bien la tecnología de simplificación es grande, muchas otras compañías están simplificando otros tipos de tareas repetitivas. Los servicios de Hassle Free Home gestionan las tareas de mantenimiento del hogar por una cuota mensual fija. Otra empresa que realiza algo similar es Mosquito Squad que mantendrá su patio trasero libre de plagas mediante la fumigación con regularidad.

El modelo de negocio simplificador funciona mejor si:

– Ofrece un servicio que los clientes necesitan en forma permanente tales como el mantenimiento del hogar, limpieza de piscinas, cuidado del animal doméstico, tutoría, limpieza de cristales, contabilidad, etc.

– Por lo general vende a consumidores relativamente acaudalados y con buen empleo.

– Puede ayudar a que el cliente tache alguna tarea aburrida de su lista de tareas pendientes.

8. En red

La compañía de teléfono es el ejemplo ideal del modelo de negocio en la red. Hubiera sido caro para los consumidores individuales disponer de una red de telefonía. Si no fuera porque todo el mundo paga unos pocos dólares al mes no habría fondos suficientes para pasar los cables. Cuanto más personas se unieron mejor para todo el mundo.

Un equivalente moderno es el WhatsApp, plataforma de mensajería que permite a los usuarios enviar un número ilimitado de mensajes a otros usuarios de forma gratuita. WhatsApp cobraba un dólar al año como una cuota de suscripción que sonaba despreciable hasta que se supo que WhatsApp añadía un millón de nuevos usuarios al día. Eso llamó la atención de Facebook que compró WhatsApp por US$ 19 mil millones.

El uso de este modelo de negocio de red se debe utiliza si:

– Un producto o servicio aumenta su utilidad cuando se añaden un gran número de usuarios.

– Se ofrecen algo que es bueno para los usuarios y les lleva a contarlo a sus amigos.

– Los clientes conocen de tecnología y están bien conectados en las redes sociales.

9. La tranquilidad mental

Este modelo de negocio es cuando los suscriptores esperan que nunca necesitarán utilizar el servicio. Es un respaldo para llamar en caso necesario, pero de lo contrario prácticamente no saben del servicio. El dinero llega por cobrar una suscripción en vez de prestar un servicio. Los ejemplos obvios son empresas de seguridad como ADT o Securitas Direct; LoJack, sistema de Recuperación de Vehículos Robados (US$ 39.99 al año) y Site24x7 que vigila sitios web y avisa si se cae de la red. Radian6 (de Salesforce) monitorea las redes sociales y avisa si hay un rumor dañino para una marca.

Para aplicar con éxito la suscripción de la tranquilidad mental:

– Ofrecer algo que es difícil o costoso reemplazar. Por ejemplo reasegurar el riesgo de las compañías de seguro mediante la compra de una póliza de seguros que cubrirá si las reclamaciones son inesperadamente altas.

– Los datos podrían ayudar a predecir la probabilidad y frecuencia de las solicitudes para que el precio de la oferta sea competitivo.

– Las primas pueden parecer dinero gratis pero se necesitan los recursos y la infraestructura necesarios en caso de que el cliente haga algún reclamo.

Como ves, los modelos de negocio de suscripción son variados y todavía pueden existir otras variantes; todo depende de tu creatividad.

Capítulo 5

Como Ganar Dinero con Crowdsourcing

Existen muchas páginas que te permiten ganar dinero directo a tu cuenta PayPal, el asunto es que la mayoría de estas páginas que comparten en los medios sociales son poco confiables e inestables.

En este capítulo te expongo en detalle cómo puedes ganar una buena cantidad de dinero semanalmente sin tener que preguntarte: "*¿Sera que paga?*"

Estas son las páginas con **Mini Trabajos** destinados a ayudar a la Inteligencia Artificial a reconocer objetos, frases y todo tipo de cosas. **¡Tu trabajo tiene un propósito!**

Paginas Crowdsourcing para Ganar Dinero PayPal

Las páginas de este tipo tienen muchas cosas en común. Siempre se trata de hacer pequeños trabajos siguiendo simples instrucciones.

Se enfocan mucho en la **calidad de los mini trabajos**, mas que en la cantidad que puedas hacer, así que tendrás que realizar trabajos de prueba de vez en cuando para determinar si captaste la esencia del trabajo.

Por lo general pagan por trabajo hecho y revisado, pero **hay una que paga por horas trabajadas**.
Ya sabrás a que me refiero mas adelante.

Pero sin querer extenderme más de lo debido, vamos a lo que nos interesa:

1. Spare5

Spare5 forma parte de la empresa Mighty AI INC. con sede en Seattle, y esta enfocada en "entrenar" a la inteligencia artificial mediante datos suministrados por los usuarios (nosotros).

Lo primero que te ofrece la pagina al registrarte son **tutoriales y calificadores** de los mini trabajos
.
Los tutoriales te enseñan como usar las herramientas que te proporciona Spare y los tipos de trabajos que tendrás que hacer.

Los Calificadores son trabajos de prueba que te permitirán acceder a trabajos pagados. Tendrás que tener un buen desempeño en estas pruebas si quieres avanzar, no son difíciles, pero solo tendrás un **margen de error del 10%** para equivocarte.

Los trabajos son sencillos, básicamente solo tendrás que identificar personas u otro tipo de objetos y encerrarlos en cajas delimitadoras y luego colocarles el nombre o etiqueta adecuado que el trabajo te pide, también habrá trabajos en donde tendrás que delinear personas, automóviles u otro tipo de cosas y etiquetarlos.

Lo que varia en este tipo de mini trabajos son las instrucciones (**que tienes que leer muy bien**) y el valor de cada uno, que varia entre **0.01$ y 0.05$** por c/u. Las instrucciones las puedes conseguir en algunos trabajos en español y en ingles pero en algunos otros solo están en ingles (nada que un traductor no pueda arreglar).

La pagina cuenta con un **sistema de referidos** que te sera habilitado cuando hagas tus primeros 10$. Cuando eso pase podrás compartir tu enlace de referencia, por el cual **recibirás 2$ por cada 10$ que haga tu referido**. Valido hasta que tu referido llegue a los 100$ de ganancia en total o pasen 180 días de haber sido tu referido.

Hacen los pagos **de manera automática** todos los viernes en la tarde a partir de un mínimo de 1$ y **no tienes que tener PayPal verificado**.

2. Figure Eight

Ya había dicho que las paginas son de tipo crowdsourcing (mini trabajos) y esta no es una excepción. Su objetivo es el mismo, utilizan la data que suministran los usuarios para "alimentar" Inteligencia Artificial.

Figure Eight es un poco peculiar por que puedes ingresar a ella a través de otras plataformas para ganar dinero como Clixsense o Neobux. Pero ninguna de estas te permite retirar mediante PayPal.

Para lograr esto tienes que ingresar a la plataforma de Elite que te permitirá retirar tus ganancias a tu cuenta PayPal sin necesidad de estar verificada.

Cuando comienzas en Figure Eight te vas a dar cuenta de que la plataforma tiene **mini trabajos en base a un sistema de niveles**, es decir, que para poder acceder a trabajos mejores pagados tienes que cumplir una serie de requisitos para subir de nivel.

Comienzas en nivel 0 y tu meta es subir a nivel 3. Para poder empezar a escalar posiciones, tienes que realizar ciertos mini trabajos que cuentan para subir de nivel, ya que no todos cuentan.
Estos trabajos que realices tienen que ser con un muy buen desempeño **equivocándote lo menos posible.**

Los tipos de mini trabajos que te vas a conseguir regularmente son de selección simple, en donde se te van a presentar unas preguntas y tendrás que seleccionar la(s) respuesta(s) correcta(s), aunque también hay un numero pequeño de trabajos parecidos a los de Spare5.

Las instrucciones están en ingles, pero si usas Google Chrome como tu navegador puedes utilizar el traductor de pagina.

El pago por algunos mini trabajos aveces es ridículo (en el buen sentido) puedes conseguir trabajos en donde te pagan **0.80$ por c/u** o **0.01$ por c/u** y teniendo en mente que siempre tienen mas de un trabajo de ese tipo, pero claro, esto cuando ya hayas alcanzado un buen nivel.

En Elite pagan a partir de 10$ todos los martes, pero tienes que solicitar el pago, en caso contrario el pago sera diferido para la semana siguiente. **En Elite no tienen sistema de referidos**, pero las otras plataformas que trabajan con Figure8 si lo poseen.

3. Hive Work

También conocida como Hivemicro es una pagina muy parecida a Spare5, los mini trabajos son muy similares y las herramientas de la interfaz también, pero vas a conseguir mas variedad de mini trabajos de otros tipo como lo son las transcripciones y trabajos de categorización.

Cuando comienzas un mini trabajo tienes que presentar una prueba desde el principio, igual como en Spare5 o en Figure8 en donde te dan las instrucciones (en ingles y español) y un margen de error de preguntas erróneas que puedes darte el lujo de tener. En caso de que falles la prueba, tendrás oportunidad de realizarla nuevamente.

El pago por mini trabajo es cuestionable a mi parecer. En comparación con las otras que te he mencionado vas a ver que tienes que hacer mucho mas trabajo por menos paga, **sin embargo esto lo compensa en la facilidad de los mini trabajos.**
Si, los trabajos son muy fáciles de entender y de hacer.

Poseen un sistema de referidos en el que **te pagan 1$ por cada 5$ que haga tu referido**, valido hasta que tu referido haga 25$ en total o pasen 180 días de haber sido tu referido (lo que pase primero), después de esto no recibirás el bono.
Puedes realizar los trabajos en la pc o directamente en su aplicación de Android, puedes bajarlo en el *Play Store*, loguearte en tu cuenta y comenzar a trabajar.El **mínimo de pago son 5$** y los depositan automáticamente todos los martes a tu cuenta PayPal pero esta vez **si tiene que estar verificada.**

4. Humanatic

Esta pagina es diferente a las demás, aunque utilizan el crowdsourcing para hacer los mini trabajo, el objetivo es diferente. Se enfocan mas que todo en analizar data de las conversaciones de operadores de ventas, regularmente centradas en el sector automotriz.

En Humanatic tu trabajo como colaborador sera la de **auditar llamadas**. ¿Tendrás que escuchar una grabación y luego responder algunas preguntas de acuerdo a lo que escuchaste, todo muy simple hasta ahí no?

El problema radica es que el 98% de las llamadas son en ingles, así que tienes que tener un buen dominio del idioma si quieres tener éxito en esta pagina. El otro 2% si son en español, pero la cantidad es ínfima en comparación.

Cuando ingresas por primera vez en esta pagina lo primero que te pedirán es que enlaces tu cuenta **PayPal totalmente verificada** a la pagina, luego te preguntaran sobre tu actual trabajo y tus estudios, tendrás que escribir en perfecto ingles lo que haces y si tienes algunos estudios o hobbies.

Es muy importante que no te equivoques en responder lo que te piden, por que siempre rechazan a las personas con mala ortografía y/o gramática, aunque también las pueden rechazar por haber un conflicto de intereses entre tu empleo y el tipo de llamadas que vas a auditar y otra de las razones por la que te puedan rechazar es por que en ese momento no están aceptando mas personas, pero esto ultimo es muy poco probable que suceda.

Si tienes la dicha de ser aceptado vas a encontrar trabajos que están divididos en categorías.

Cada categoría tiene que ser desbloqueada al pasar un trabajo de prueba, después de eso podrás tener acceso a cientos de trabajos pagados de esa categoría.

Tip: Las categorías mas sencillas para los que tienen un nivel de ingles básico/intermedio son las *Inbound* y *Outbound calls*.
El trabajo que hagas en cualquier categoría de la plataforma sera revisada por los **Reviewers**. Estos son los que

revisan si en tu trabajo cometiste algún error o no.

En caso de que hayas cometido alguna infracción, se te descontara de tu saldo como penalización hasta el doble del valor del trabajo. Por eso la precisión al momento de hacer el trabajo es vital.

El pago por llamada puede variar dependiendo de la categoría en la que estés trabajando, pero en términos generales el valor por llamada ronda los **0.012$ a 0.05$** y son llamadas que no duran mas de 2 min.

No poseen sistema de referidos, pero tienen bonos semanales si haces cierto numero de trabajos en una categoría especifica y bonos para los que hagan la mayor cantidad de trabajos en total.

El mínimo de pago es de 10$ y lo tienes que **solicitar antes del mediodía del lunes** y te viene cayendo entre el lunes y martes. Recuerda que tienes que tener una cuenta PayPal Verificada.

5. Remotask

Remotask es una pagina parecida a Spare5 y a Hive Work, con mini trabajos centrados en la identificación de objetos.

Trabajos del tipo *Annotation* en donde tendrás que encerrar en cajas o cuboides a todo tipo de automóviles, personas, animales, etc.. Cualquier cosa que te pidan y luego añadirles un nombre de acuerdo a una lista de etiquetas que te proporcionaran.

También habrán mini trabajos de transcripción de audio, delinear, etiquetar y categorizar objetos. En términos generales los mini trabajos se parecen mucho, solo cambian las indicaciones de lo que tienes que hacer, por eso es **muy importante leer las instrucciones**.

Para poder desbloquear los mini trabajos remunerados tendrás que pasar un **examen o trabajo de prueba** al igual como en las paginas anteriores. Y si tu desempeño es positivo se te concederá la oportunidad de realizar los mini trabajos pagados, en caso de que falles el examen podrás realizarlo nuevamente, **tendrás hasta 3 oportunidades**.

Hasta el momento nada fuera de lo normal, se podría decir que es igual que las demás paginas que te he mencionado, pero la diferencia esta en que esta pagina **no paga por trabajo hecho sino por hora trabajada.**

De hecho a todos los trabajadores comenzando, **empiezan ganando 1.5$/hr**. Cuando pasas a ser un *Reviewer* en donde tienes que revisar el trabajo de los demás, **puedes ganar mucho mas**, pero el trabajo es un poco mas riguroso.

Todos los mini trabajos que hagas te serán acreditados cuando hayan pasado por revisión, y en caso de no tener ningún error se te pagara la totalidad de las horas que pasaste haciendo ese mini trabajo. Si posees algún error, el *Reviewer* hará algunas anotaciones sobre lo que tienes que acomodar y mejorar para que el mini trabajo quede perfecto, pero esto se te descontara de tu pago.

Por eso me afinco en leer bien las instrucciones y realizar trabajos de calidadpara que estas cosas no te pasen y puedas obtener la totalidad de la paga en lugar de una fracción de ella.

Ya te podrás imaginar que como los mini trabajos son revisados manualmente puede tardar en llegarte el pago.

La pagina posee un mini trabajo especial, llamado Proyecto LIDAR y es un trabajo bastante interesante en donde se clasifica, segmenta e identifica vehículos, personas y objetos (en este caso) en todo el terreno al rededor del artefacto que esta escaneando la superficie en cuestión.

El mini trabajo es complejo no lo voy a negar, existen muchas cosas nuevas que se necesitan aprender para poder completar un trabajo de estos. Sin embargo este proyecto cuenta con una serie de entrenamientos para que puedas hacer frente al examen que tienes que presentar.

Si logras pasarlo, podrás ser participe del proyecto y de todos los trabajos remunerados que estén dentro de este. **Los trabajos de LIDAR pueden llegar a pagar mas de 10$ por mini trabajo**, así que te podrás imaginar lo complejo y exigentes que pueden ser al revisarlos.

El mínimo de pago en Remotask puede ser tan pequeño como 0.10$ y **no necesitas tener PayPal verificado**. Pagan todos los martes en la mañana **de manera automática**.

La pagina posee un sistema de referidos en el que puedes ganar tu y tu referido **hasta 10$ por cada persona en el que sus primeras 2 semanas logre una ganancia de 10$**. Después de que pase ese tiempo ya no tendrás mas ganancias con ese referido.
Remotask cuenta con un foro muy activo en donde se realizan discusiones de los trabajos y funciones de la pagina, pero su comunidad mas activa esta en *Ryver* (App parecida a *slack*), en donde podrás interactuar activamente con los usuarios y admins de la pagina.

6. ClickWorker

Clickworker es una empresa de crowdsourcing Alemana fundada en el 2006 por la compañía HumanGrid GmbH (ahorita Clickworker GmbH).

Es una pagina un poco diferente a las demás ya que esta se centra en la **identificación visual mediante Video y Audio**.
Tienes muy pocos trabajos enfocados en imágenes, aquí vas a trabajar mas que todo con tu *webcam* y tu micrófono (ya sea interno o externo).
Acepta a personas de todos los países pero muchas veces no tiene trabajos para algunos países y para otros si.

Cuando ingreses en **Clickworker.com** te registras en la sección de *"Register"* y escoges la opción *"Register as a ClickWorker"*. Lo primero que te pedirán es que busques tu país de residencia de una lista.

Si tu país no esta, quiere decir que no tienen trabajos para ese lugar.

Si pudiste conseguir tu país con éxito, entonces tendrás que llenar un extenso formulario con tu información personal.

Antes de que te embarques a llenar todo el formulario **te aconsejo que pongas de correo el que utilizas para tu cuenta PayPal.**
Cuando termines con eso, te enviaran un correo para que verifiques tu cuenta y con eso podrás trabajar sin problemas.

Antes d ir directamente a los trabajos, te recomiendo completar el perfil de tu cuenta en *"Clickworker* Profile" *y* escoger el método de pago que vas a utilizar en *"Payment* Details".
En Clickworker puedes cobrar de 2 maneras, con PayPal o a través de transferencia bancaria (para algunos países).

Para cualquiera de los dos tendrás que llenar el campo de *"Tax Details"* en donde tendrás que colocar tu información fiscal NIF o RIF.
Los trabajos los podrás visualizar en la sección de **Jobs** haciendo click en *"Home"*.

Dependiendo de tu país este tendrá mas o menos trabajos, así que no te asustes si no ves ninguno, tienes que estar pendiente del correo para cuando lleguen los *jobs*.

Los trabajos como dije son en su mayoría son con el uso de *webcam* y micrófono, así que tendrás que tener cierto nivel de ingles para los trabajos en el que necesites el mic.

El pago por trabajo **oscila entre €0.01 y €3** (los que yo he visto) y son relativamente rápidos de hacer, yo me he tardado entre 10 y 15 minutos para hacer un trabajo que **me pago €2.10**.

Sin embargo Clickworker tiene un limite máximo de tiempo por trabajo de 2 horas, es decir que si te pasas de ese tiempo te expulsan del trabajo. Pero tranquilo, que si aun esta disponible podrás hacerlo nuevamente.

En Clickworker también podrás realizar **encuestas pagadas** gracias a la extensión de Peanut Lab, un famoso panel de encuestas.

Sin embargo la cantidad de encuestas disponibles y el pago **dependerá** también de tu país de residencia y de tu Perfil de usuario.

También podrás optar por trabajos aun mejor pagados, pero para ello necesitas pasar un test que lo podrás ubicar en la sección de "*Assesstments*".

Muchas veces vas a ver esa sección vacía y esto significa que no hay trabajos que necesiten cualificación alguna, pero te recomiendo revisar esta parte regularmente.

El *assesstment* mas importante que te pudiese aparecer es el de UHRS 1 y 2.

El primero es un test para medir tu nivel de ingles y el segundo es para medir tu habilidad con la plataforma.

Personalmente no he realizado (por que no me ha aparecido) este test, pero si necesitas mas información, puedes verificarla en la FAQs de Clickworker aqui.

Otra forma de monetizar con clickworker es con los referidos, **puedes ganar hasta €5 por cada referido que haya ganado €10.**

El mínimo de pago por PayPal es de €5 y tienes que tenerlo Verificado.

7. Kolotibablo

Esta es otra pagina del tipo crowdsourcing pero que se diferencia de las demás por que sus mini trabajos son mucho mas sencillos.

En kolotibablo tu trabajo es realizar *captchas* y *recaptchas* sobre una interfaz que ellos te proporcionan.
Si te preguntas que son los captchas y recaptchas, son denominados como las pruebas de turing destinado a reconocer softwares autónomos (bots).

En palabras simples, son esos códigos o imágenes que tienes que completar cuando te registras o ingresas en tu cuenta de correo por ejemplo.

La pagina te paga por cada código o imagen resuelta en su sistema. El pago puede variar pero generalmente esta entre **0.9$** y **1.5$ por cada 1000 captchas/recaptchas resueltas**.

Puede parecer demasiado trabajo, pero cabe destacar que el resolver cada una **no lleva mas de 2 segundos**, así

que saca la cuenta cuanto te tardarías en hacer aunque sea 5$.
Yo lo utilizo como un ingreso extra que ocasionalmente trabajo cuando estoy descansando, y es que poseen una aplicación Android registrada en la Play Store que facilita el trabajo.

Lo único que tienes que hacer es registrarte vía web en kolotibablo.com, descargas la app y ya puedes utilizar tu cuenta.
El único inconveniente que tiene Kolo es el mínimo de cobro por PayPal, que asciende a 200$.

Si, estas leyendo bien **200$ es el mínimo de cobro a través de PayPal**.
Me parece exagerado, pero son las políticas de la pagina, en mi opinión es con el objetivo de que usen otro medio de pago diferente.

Capítulo 6

Como Ganar Dinero usando aplicaciones basadas en Blockchain

Una serie de nuevas aplicaciones, actualmente pioneras en lo que se conoce como la economía criptográfica o criptoeconomia – una economía basada en los tokens de Blockchain.

Estos tokens o criptomonedas vienen en todas las formas y tamaños, pero los tokens más populares son los llamados tokens compatibles con ERC-20.

Estos tokens pueden ser almacenados en cualquier billetera Ethereum ordinaria, y pueden ser negociados en múltiples intercambios. Por lo tanto, los propietarios de tokens pueden venderlos para comprar otras criptomonedas – por ejemplo, el muy popular Ethereum y Bitcoin – e incluso pueden convertirlas a moneda fiat si lo desean.

¿Por qué es interesante?

Muchos fundadores de startups actualmente quieren aprovechar las oportunidades que ofrece un token – en particular, ganar tracción para la respectiva startup o app. Usar un token dentro de una aplicación puede servir para muchos propósitos: los usuarios pueden pagarse o recompensarse entre sí, la propiedad de token puede estar ligada a los derechos de voto, o los propietarios de token pueden recibir una parte de las ganancias de la startup. Todo ello contribuye al establecimiento de una comunidad leal y viva dentro del ecosistema app.

Muchas startup han reconocido el valor de los tokens para su sistema. Sin embargo, es necesario alcanzar una masa crítica de propietarios de criptomonedas y participantes para que los efectos comunitarios entren en juego. Los startups han notado rápidamente que hay ciertas medidas que pueden acelerar el camino hacia una comunidad funcional. En los primeros días de sus negocios, otorgar sus tokens a los primeros adoptantes a cambio de una pequeña participación – o a veces gratis.

¿Cómo te beneficias?

Puede cambiar tus tokens dentro del ecosistema de aplicaciones, por ejemplo, comprar productos o servicios. A veces, también habrá tiendas afiliadas que acepten la criptomoneda de una aplicación, aunque no sean parte de esa aplicación.

O puedes intercambiar tus tokens por «dinero en efectivo», ya sea en la forma de Bitcoin o Ether, y desde allí incluso moneda fiduciaria. Y luego puedes ir y comprar todo tipo de cosas en el mundo que harán tu vida mejor (pero no tenemos que decírtelo)....

Para empezar a ganar tokens o criptomonedas, necesitas básicamente dos cosas: un ordenador portátil y una cartera. Si el token es compatible con ERC-20, la billetera puede ser tu cartera Ethereum normal (por ejemplo, en MyEtherWallet). Para tokens no compatibles, como STEEM, necesita una billetera especifica de steem. Y por supuesto, necesitarás una aplicación que te pague con estos tokens. Veamos ahora las opciones que tiene.

Las mejores aplicaciones para ganar tokens

Para demostrarte las posibilidades que tienes de ganar tokens con las aplicaciones Blockchain, hemos seleccionado varias aplicaciones en las que ganar criptomonedas o tokens es relativamente fácil.

- Navegador Brave
- Steemit (Dificil)
- LBRY (Medio difícil)
- SMSChain (Fácil)

Brave

Brave es el mejor navegador para surfear la web. Mas Rapido y Seguro, mucho mejor que chrome, firefox, o safari. Brave utiliza su token o criptomoneda BAT con propuesta de valor central en su proyecto

Los usuarios del navegador Brave pueden recibir BAT por usar Brave como su navegador predeterminado asi como optar por ver Brave Ads (programa de anuncios de brave). Además, los creadores y editores de contenido pueden unirse al programa Brave Publishers y recibir consejos de los fanáticos de Brave

Browser que ven su contenido. En general, el proyecto está considerado como uno de los más interesantes en el espacio.

Si eres un creador de contenido,un editor, o simplemente un usuario de Internet, puedes ganar BAT navegando por la web utilizando el navegador Brave.

Steemit,

Steemit, o como dicen los fundadores: «Ven por las recompensas. Quédate por la comunidad «, es un portal similar a Reddit que soporta la publicación de contenido así como el voto alto y bajo.

Steemit se basa en una cadena de bloques que funciona con una moneda nativa llamada STEEM. Los desarrolladores de Steemit dicen que su Blockchain, a diferencia de la prueba de trabajo de Bitcoin, se basa en la «prueba de cerebro», es decir, la cripto moneda es generada por los participantes que crean contenido inteligente. Esto funciona de la siguiente manera: Un cierto grupo de tokens STEEM se dedica a incentivar la creación y conservación de contenidos. Y la forma exacta en que se distribuyen estas fichas para ciertos contenidos está determinada por la «sabiduría de la muchedumbre» – la comunidad participante evalúa el valor del contenido y su recompensa simbólica.

Si te inscribes en Steemit, recibirás una cartera que no sólo contiene el símbolo principal, STEEM, sino que también contiene el denominado Dólar con respaldo de Steem o SBD. Este es una criptomoneda diferente, ligada al dólar estadounidense. Su objetivo es la negociación contra una divisa intermediaria, como Bitcoin, en las bolsas, para que los participantes de Steemit puedan ganar finalmente dinero fiat (si lo desean) de sus acciones STEEM.

El sistema de distribución de premios en Steemit es bastante complejo. Lo resumiremos concisamente: Como autor de un post, usted será recompensado en STEEM si su post es votado por otros participantes. Si usted vota a favor del mensaje de otra persona, recibirá una recompensa – especialmente si el mensaje es más viejo que unos pocos minutos – pero sólo en STEEM Power (vea abajo). Esta mejora o recomendación de contenidos más antiguos se conoce como curating.

Finalmente, cuánto «vale» el voto de un participante aleatorio en STEEM depende de la potencia STEEM de este usuario. Esto es una medida de tener a STEEM en custodia en la cartera. Los usuarios con muy poco poder de STEEM son conocidos como plancton, los que tienen mucho son conocidos como ballenas (en alusión a las «Ballenas Bitcoin», propietarios de grandes cantidades de Bitcoin).

Por lo tanto, lo que necesitas hacer para ganar STEEM es escribir artículos que serán popularesentre las ballenas. Un buen formato y un contenido de alta calidad son primordiales, por lo que debe utilizar cualquier etiqueta relevante.

Los puestos de «Cómo» parecen ser muy bien considerados. Como estos toman un esfuerzo significativo por parte del escritor, llegamos a la conclusión con la que comenzamos esta sección: Ganar dinero en Steemit es difícil.

Si todo va (extremadamente) bien, puede esperar unos cuantos dólares por artículo. También, necesitas tener en cuenta que Steemit requiere que pongas la mitad de su STEEM ganado en custodia como STEEM Power. Por lo tanto, la suma de 114 SBD será al final inferior a 50 USD en efectivo.

SBD se puede cambiar por Bitcoin como moneda intermediaria en los tipos de cambio habituales – Poloniex, Bitwala, Bittrex y otros.

LBRY

LBRY es una plataforma de código abierto y descentralizada para compartir contenido de vídeo que le recompensa por el consumo de contenido, es decir, leer libros. Sí, has leído bien. No sólo se le recompensa por la creación de contenido, sino también por el consumo de contenido.

¿Por qué es eso? Por supuesto, a largo plazo, el punto principal de la economía de LBRY será la remuneración de los creadores de contenido, es decir, con consejos de los usuarios de contenido en el token LBC nativo de la aplicación (abreviatura de LBRY Credit). La aplicación viene con una cartera LBC dedicada. Otras maneras de obtener LBC's son las contribuciones al proyecto LBRY y la minería.

Sin embargo, para fomentar la adopción generalizada de la aplicación LBRY, el equipo de LBRY está proporcionando actualmente recompensas en el momento de la adopción para los primeros "early adopters". Se pueden ganar simplemente navegando por los canales de vídeo y viendo videos.

Para participar en el ecosistema de LBRY es necesario descargar la aplicación (disponible para Linux, macOS, Windows, iOS y Android).
LBC también se puede cambiar por Bitcoin en una de varias bolsas grandes: Poloniex, Bitwala, Bittrex, y varias otras.

¿Ya estás cansado? Espera un momento. Aquí viene la mejor parte…

SMSchain

Hay otra aplicación que actualmente está entrando en el mercado y que sólo te recompensará por tu mera existencia, algo que normalmente no se hace excepto por tu propia madre, ¿no es así? La aplicación que hace esto se llama SMSChain. Sus fundadores llaman SMSChain una pasarela SMS descentralizada, y eso es esencialmente lo que es. Se basa en uno de los conceptos más clásicos de la economía de compartir: Tomar un recurso que alguien ha pagado, pero que no está usando, y habilitar a esa persona para compartir este recurso con otros, devolviendo así parte del dinero que ha sido pagado por el recurso en primer lugar (o incluso obtener una ganancia).

En el caso de SMSChain, este recurso está supeditado a los planes de telefonía móvil del usuario a la hora de enviar SMS, pero el SMS ya no se utiliza mucho, ya que la mayoría de la gente ha pasado a utilizar aplicaciones de mensajería instantánea vía wifi o Internet móvil (WhatsApp, Threema, Signal, etc.).

Sin embargo, hay un caso que está cobrando importancia para los SMS: la comunicación entre los sistemas automatizados y los seres humanos, por ejemplo, con fines de notificación y verificación. Esto se conoce como SMS de aplicación a persona (A2P). Aunque no es 100% a prueba de balas, SMS se ha convertido en una herramienta popular para implementar la autenticación de dos factores para teléfonos inteligentes. Otras aplicaciones del A2P, según Zion Research, incluyen:

- Alertas y notificaciones
- Mensajes promocionales
- Noticias
- Concursos electorales
- Actualizaciones bancarias
- Alertas de vuelo
- Y otros

Estos mensajes consisten principalmente en plantillas estándar, no en contenido individualizado. Estas plantillas se definirán en los nodos de SMSChain, y los participantes podrán elegir de antemano qué tipo de contenido desean permitir a través de su tarjeta SIM.

De este modo, tanto los particulares como las empresas pueden beneficiarse de un mercado eficiente en el que las capacidades no utilizadas de SMS en cuentas personales se venden a empresas que las necesitan para mensajería A2P.

SMSChain ofrece exactamente este mercado, y la moneda del mercado es su SMSTO token nativo. Usted puedes ganar SMSTO simplemente registrándose para una cuenta en el sitio web de SMSChain, y aceptando vender sus capacidades SMS no utilizadas. Si desea reservar algunas de sus capacidades de SMS para sí mismo – porque todavía se está comunicando con personas que viven en la era de la piedra tecnológica – puede limitar la cantidad de SMS que le gustaría vender. En el contexto de SMSChain, usted es conocido como un «minero» – similar al concepto de minería de Bitcoin. Sin embargo, el mecanismo minero en SMSChain no es una prueba de trabajo inútil, como en otras monedas criptográficas, sino una prueba de entrega. Esto significa que usted hace el trabajo útil de entregar SMS para ganar su SMSTO.

Por un SMS, usted recibirá una recompensa al equivalente de 0.004 – 0.015 USD en SMSTO. El precio exacto depende del mercado geográfico, siendo

Europa el más caro (es decir, el más rentable) en este momento y la India el menos rentable. Según el Whitepaper de SMSChain, usted puede ganar hasta 6.000 USD/mes simplemente vendiendo su SMS. Se trata de una proyección muy optimista por parte de los fundadores, basada en un caso límite tecnológico, pero incluso si se gana una pequeña fracción de él, esencialmente sin hacer nada, todavía se ha logrado un buen acuerdo. Por ejemplo, usted puede vender 100 SMS por día por 15 USD al mes.

No hay costos adicionales asociados a esto, sin embargo, usted puede correr el riesgo de que su tarjeta SIM sea bloqueada si se envían mensajes de spam a través de ella. Además, puede haber riesgo de privacidad porque los destinatarios verán el número de teléfono de su SIM. SMSChain está trabajando duro para resolver estos problemas.

SMSTO son compatibles con ERC-20, lo que significa que puede guardarlos en cualquier billetera Ethereum y venderlos en bolsas Ethereum. Si decide mantener su SMSTO en lugar de venderlos, puede operar un día un nodo de red SMSChain

– cuando tenga 15.000 SMSTO, para ser exactos. La ejecución de un nodo le dará derecho a un 20% adicional de todas las transacciones que atraviesen su nodo. Las empresas comprarán SMSTO para canjearlas por capacidades SMS en la red.

La aplicación alfa de SMSChain está proyectada para entrar en funcionamiento en mayo de 2018. Visita su sitio en SMSChain para mantenerte al día e inscribirse.

Conclusión

Por supuesto, al registrarte para cualquiera de estas aplicaciones, no podrás dejar tu trabajo diurno muy pronto. Pero le dan la oportunidad de ganar dinero prácticamente mientras duerme y también le proporcionan una valiosa experiencia en la incipiente economía descentralizada.

¡Definitivamente,

algo que no debe perderse!

Capítulo 7

Como Ganar Dinero con Criptomonedas, Bitcoin, Ethereum y otras altcoins

Si te estás planteando **ganar dinero con criptomonedas**, es importante que antes averigües algunas de las particularidades de las principales criptomonedas que hay en el mercado, consiguiendo de esta forma encontrar aquella o aquellas que te puedan resultar más interesantes a la hora de invertir.

El bitcoin es una de las **criptomonedas más populares** debido a que supuso un punto de inflexión en la forma en la que se entiende la economía global, poniendo a disposición de todos una alternativa con la que poder desde invertir hasta gestionar sus propias finanzas.

¿CÓMO COMPRAR BITCOINS?

La mejor forma de conseguir bitcoins es registrándose en un cambiador o Exchange, el lugar a través del cual vamos a poder realizar una inversión adecuada tanto a la hora de comprar como a la hora de vender las monedas de las que ya disponemos.

Eso si, es muy importante tener en cuenta las comisiones y detalles relacionados con el intercambio de monedas, ya que es esencial que, si nos movemos con pequeñas cantidades, consideremos bien los gastos o de lo contrario podemos realizar una venta o una compra que realmente no nos convenga tanto como debería.

Básicamente este es el mejor sistema a través del cual podemos invertir en bitcoins con las máximas garantías, pero recordad que, aunque el bitcoin es una moneda que tiende a subir, también tiene momentos en los que da fuertes bajadas, por lo que debemos estar pendientes en todo momento para comprar a la baja y vender al alza.

Si ha decidido invertir en bitcoins, tendrá que confiar en servicios seguros para minar bitcoins u otras criptomonedas sin hardware y rápidamente. El principal problema con este tipo de inversión es tomar una decisión y elegir un sitio confiable.

En internet hay muchas páginas "estafa". Nosotros también, cuando comenzamos el negocio de la minería en la nube caímos: precios atractivos y promesas de ganancias fáciles, es por eso que decidimos sugerir las páginas más confiables actualmente en el mercado.

NuVoo: una de las mejores y más rentables Minería en la nube de Bitcoin

NuVoo es un sitio canadiense de minería en la nube que permite la minería en la nube de Bitcoin sin hardware y sin costos de mantenimiento. Esto es posible porque

NuVoo depende no solo de sus propias mineras ubicadas en el territorio canadiense, sino también de los mineros privados que a cambio de pequeños porcentajes en los ingresos de los contratos pagados por NuVoo minan Bitcoin para la empresa canadiense. Los planes comienzan alrededor de $ 75 y no hay costos adicionales, pero en este momento NuVoo ha comenzado una campaña promocional. La duración del contrato es anual.

Este sitio es muy fácil de usar, aunque la versión espanola no está disponible. Se aceptan pagos con tarjeta de crédito, transferencia bancaria y Bitcoin.

Para celebrar su cumpleaños, Nuvoo ha preparado una sorpresa sin precedentes: ¡un descuento del 50% para los primeros 10,000 afortunados clientes que compren hashrate de cualquier volumen! Si desea aprovechar los precios más bajos posibles, use el código de promoción NVOO18BDAY30 al realizar una compra. ¡Recuerda, la oferta es muy limitada!

CCG Mining: un sitio para minar completo de todo

CCG Mining opera en el sector desde hace muchos años. El sitio es muy confiable, los precios son bastante asequibles y la empresa, con sede en Polonia y Londres, cuenta con un equipo de profesionales que ofrece una gama de servicios que incluyen minería en la nube y contratos de venta de hardware para aquellos que optan por la minerìa propia.

Los precios son convenientes, el sitio acepta pagos con tarjeta de crédito o Bitcoin y puede socavar a BTC, BCH, ETH, ZCASH, LTC y Monero, lo colocamos en el segundo lugar porque los precios son realmente buenos en comparación con los competidores.

Una vez que haya ingresado a la página CCG Mining, puede elegir qué minar y qué tipo de contrato debe firmar, también puede seleccionar planes personalizados.

Hashing 24: la mineria en la nube para la mineria de bitcoin a precios bajos

Hashing24 se encuentra en el cuarto puesto de nuestro ranking. Lo hemos intentado y nos hemos encontrado bastante bien, los pagos son puntuales y es posible comenzar con paquetes de 17,20 euros. Es cuarto después de Hashflare por dos razones: 1. El sitio no es tan intuitivo como los otros 2. Es posible minar solo BTC.

Páginas seguras para adquirir Bitcoins

Existen varias páginas en las que puedes comprar tus Bitcoins de manera bastante segura y casi sin riesgo. Se trata de grandes plataformas con una buena base de usuarios, y cuya máxima intención es la de simplificar al máximo el proceso. Sólo entras, pagas con tu tarjeta la cantidad de Bitcoin que quieras y listo. Aquí tienes algunas de las principales.

- **Coinbase**: Se trata de una web de las más populares que te puedas encontrar, rápida y fácil de utilizar. Puedes comprar bitcoins mediante trasferencia bancaria o con tu tarjeta de crédito con una comisión del 3,5%. Es tan popular que es la que vamos a utilizar hoy para guiarte en el proceso de compra.

- **Kraken**: Otro de los portales más grandes en cuanto a compraventa de criptomonedas. En su web te puedes registrar, después de lo cual puede pasar un tiempo hasta que seas verificado. Una vez verificado puedes hacer transferencias gratuitas por Europa, y a la hora de comprar Bitcoins te pide una comisión de entre 0.16 y 0.26%.

- **LocalBitcoins**: Una plataforma un tanto diferente a las demás, ya que se centra en la compra de persona a persona (P2P). Eso hace que no te cobren ninguna comisión salvo que quieras crear un anuncio, aunque también puede resultar un tanto más complicado para los usuarios noveles.

- **Bitstamp** es otra de las principales páginas en las que comprar

Bitcoins y otras criptomonedas, intercambiando dólares y euros por ellas. Sus comisiones dependen del volumen de tu compra, y te prometen total transparencia.

Dónde usar Bitcoins de forma segura

Desde hace tiempo hay un buen repertorio de páginas en las que **puedes utilizar Bitcoins para paga**r. Servicios tan variados como dominios o VPNya te permiten utilizar esta criptomoneda. Además, páginas como Dondecomprarconbitcoins.com te ofrecen listas completas con todas las webs que permiten su utilización.

También hay iniciativas hechas por usuarios para resaltar **los comercios físicos en los que permiten los Bitcoin** como método de pago. Una de las más completas es Coinmap, donde te muestran un mapa con tu localización y los principales comercios que tienes a tu alrededor donde aceptan la criptomoneda.

GANAR DINERO CON ETHEREUM, LA MODA DE LOS ALTCOINS

Por otra parte también tenemos **ethereum**, otra alternativa que apenas lleva tres años en el mercado, y que se caracteriza por seguir un **sistema de minado diferente que pasaría del PoW o Prueba de Trabajo al PoS o Prueba de Participación**.

Por supuesto, a la hora de **comprar ethereum** o incluso vender la moneda es importante que lo hagamos a través de una plataforma de confianza que nos ayude a obtener la máxima rentabilidad con comisiones bajas y una gestión adecuada en tiempo real, de manera que podremos **aprender cómo invertir ethereum** de un modo práctico y reduciendo el riesgo el máximo posible.

¿CÓMO MINAR ETHEREUM?

Ethereum es una moneda que aunque no es rentable minar a través de CPU, sí lo es con nuestra tarjeta gráfica. Por lo tanto, si tienes un PC sin usar con una gráfica, puedes minar esta criptomoneda de form afácil y sencilla. No importa si eres Windows, Ubuntu, Mac o Fedora, a través del software Minergate te será sumamente sencillo hacerte con Ethereum.

¿Dónde comprar Ethereum?

Existe una gran cantidad de alternativas para comprar Ethereum, debido a su alta popularidad. Se pueden conseguir tanto en página dedicadas a vender Ethers, así como también en los típicos exchanger como Kraken o Bittrex. Una de las mejores alternativas es la página web Coinbase.

GANAR DINERO CON BITCOIN CASH, LA NUEVA ALTERNATIVA A BITCOIN

Siguiendo con otra de las criptomonedas que también está muy presente en la actualidad, pasamos al **bitcoin cash**, lo que básicamente se consideraría como una mejora del bitcoin que acaba de aparecer recientemente a mediados de 2017.
Cabe destacar que hablamos de una moneda que ha levantado una controversia importante por lo que hay tanto plataformas que la apoyan como

otras que han preferido no hacerlo o incluso mantenerse al margen por el momento a la espera de ver los próximos resultados.

Esta moneda entró en circulación a inicios de Agosto, la cual apareció con la misma cantidad que tenían los usuarios. Eso significa que si alguien disponía de 1 Bitcoin, entonces en su monedero se añadió 1 Bitcoin Cash; el cual tiene un valor totalmente diferente.

- Puedes **comprar Bitcoin Cash** a través de un exchanger como Bittrex.
- El Bitcoin Cash puede ser más rentable para minar que la criptomoneda principal (BTC), por lo que es un punto a destacar. Sin embargo, aún hay poca información acerca de la minería de esta criptomoneda.

GANAR DINERO CON RIPPLE, COIN RESPALDADA POR LOS PRINCIPALES BANCOS DEL MUNDO

El **Ripple** es otra de las criptomonedas recientes que se basa en el mismo principio que el resto, ofreciendo un sistema alternativo para gestionar el capital propio.

Se trata de un proyecto que está basado en el software libre y que desarrolla un sistema de crédito diferente que busca la descentralización y, por tanto, conseguir una mayor libertad en cualquier tipo de gestión.

- La moneda se puede comprar a través de Exchangers.
- No es posible minar Ripple.

GANAR DINERO CON DASH FÁCILMENTE

En cuanto al **dash**, hablamos de otra criptomoneda que tiene como objetivo el de **garantizar una mayor sencillez de uso** ofreciendo muchas alternativas que no están presentes en otras monedas virtuales diferentes.

Anteriormente era conocida como darkcoin y como xcoin, viendo la luz por primera vez a principios del año 2014 pero no adquiriendo su nombre actual hasta marzo de 2015.

También podemos **invertir en dash** a través de plataformas de cambio serias y que admitan esta moneda, consiguiendo de esta forma poder obtener beneficios a través de una de las monedas virtuales

que más alternativas está ofreciendo de cara al futuro.
- Dash se puede comprar a través de plataformas como HitBTC, Bithumb, Poloniex, Bitfinex, Bittrex y Kraken.
- Dash es una criptomoneda que tiene un agoritmo con el nombre de «X11», el cual fue creado por ellos mismos y que su uso se ha extendido a otras criptomonedas. Esta se puede minar a través de CPU o GPU, por lo que es una buena opción si tienes alguna máquina que no utilices o quieras sacar un dinerito extra con tu pc principal.

GANAR DINERO CON LITECOIN

En este caso hablamos de una **criptomoneda que se sustenta a través de la red P2P** y que cuenta con muchas similitudes con el bitcoin. Su principal objetivo ha sido el de ofrecerse como una alternativa a la moneda más popular para lo cual también ha creado tres diferencias básicas que son el procesamiento más rápido, un minado más eficiente y en tercer lugar la posibilidad de minar sin la necesidad de instalar equipos excesivamente potentes y sofisticados.

Por esa razón, en muy poco tiempo ha conseguido ganar la confianza de multitud de inversores que buscan obtener un beneficio extra a través de las criptomonedas.

- Puedes comprar Litecoin en una gran cantidad de sitios, pero siempre la forma más sencilla a mi parecer es utilizar los exchanger más conocidos (como lo mencionados, ejemplo Bittrex).
- Aunque Litecoin nació como una alternativa al BTC y su minado era más sencillo, hoy en día no es tan fácil como antes. Por ello, es recomendable usar máquinas especializadas como las de Bitmain.

GANAR DINERO CON WAVES, EL COIN CON INVERSIÓN RUSO

Fue en el año 2016 cuando se lanzó por primera vez la **criptomoneda waves**, una nueva alternativa que además se caracterizaba por haber conseguido la cifra de 2 millones de dólares en tan sólo sus primeras 24 horas de existencia. En la actualidad cuenta con una capitalización de cerca de 300 millones de dólares, con lo cual es otra de las alternativas más interesantes que debéis considerar si queréis invertir en criptomoneda.

Igualmente vamos a necesitar acceder a una plataforma seria y profesional para poder realizar un cambio adecuado ya sea para **comprar o vender waves**, y sobre todo es importante que tengamos en cuenta tanto el precio de compra como el precio de venta en cada momento para poder aprovechar el instante adecuado que nos permita conseguir el máximo beneficio posible.

GANAR DINERO CON MONERO, LA ANONÍMA DE LA FAMILIA

Dentro de las criptomonedas más populares tenemos otra opción conocida como **monero**, una **moneda de código abierto** que nació a mediados del año 2014 y que en un principio era conocida como BitMonero, aunque tan sólo cinco días después decidieron cambiar el nombre.

En muy poco tiempo, monero consiguió experimentar un **enorme crecimiento en capitalización del mercado** y en el volumen de las transacciones a lo largo del año 2016, y una de las razones por las que se produjo esta mejora fue por el caso AlphaBay.

- También está disponible en la mayoría de exchangers existentes, por lo que puedes comprar Monero muy fácilmente.
- Monero también es reconocida por ser fácil de minar a través de un ordenador personal, ya que se hace uso tanto del GPU como del CPU. Lo que significa que casi cualquier persona puede minar Monero.

GANAR DINERO CON ZCASH

Otra alternativa también muy interesante es zcash, una criptomoneda que apareció a partir del proyecto Zerocoin que tenía como objetivo **aumentar el anonimato para los usuarios de bitcoin**.

Un detalle interesante que nos ofrece es la posibilidad de ocultar tanto el remitente como el destinatario y la información relacionada con la transacción en cualquier momento, garantizando una importante ventaja en lo que a las transacciones privadas se refiere.

- Zcash se puede comprar en cualquiera de los exchanger que lo posea.

- Puedes minar zcash de forma fácil con GPU o CPU.

GANAR DINERO CON BYTECOIN

Se trata de otra opción con un nombre muy parecido a la criptomoneda más conocida, pero por supuesto es importante tener en cuenta que también presenta diferencias por lo que puede resultar muy interesante en nuestro caso.

Cabe destacar que esta moneda se caracteriza por **ser más fácil de minar**, aunque a la vez también hay que tener en cuenta que su valor es inferior en el mercado, por lo que deberemos barajar ambos aspectos para tomar una decisión en función de lo que estamos buscando.

- Esta moneda sólo se puede comprar en Poloniex y HitBTC.
- Al igual que muchas, también puede ser minada a través de CPU o GPU.

GANAR DINERO CON SIACOIN, LA ALTCOIN DEL ALMACENAMIENTO

Y finalizamos con el **siacoin**, otra moneda virtual cuya ideal nace en el año 2013 y que buscaba crear una plataforma descentralizada para administrar los datos a través de la nube.

- Su coste es bajo y cuenta con un buen nivel de seguridad, convirtiéndose de esta forma en una de las alternativas más interesantes del mercado a día de hoy. La puedes comprar en los exchanger Poloniex, Bittrex, HitBTC y Bisq.
- Aún no es posible minar siacoin, pero el próximo año saldrá al mercado un equipo especializado para ello; por lo que posiblemente aumente su valor por dichas fechas.

Capítulo 8

Como Ganar Dinero con Economía Colaborativa

La forma en la que consumimos ha cambiado de forma radical en los últimos años. Una prueba de ello es el consumo colaborativo o economía colaborativa, que consiste en la satisfacción de necesidades intercambiando bienes y servicios entre particulares a cambio de una compensación pactada. Pero... ¿podemos generar ingresos extras con la economía colaborativa?

En los últimos años, el crecimiento de este sector ha sido espectacular. Cada vez hay más empresas en el ajo y más usuarios dispuestos a generar ingresos extras, ahorrar y a beneficiarse del ecosistema. Tú también puedes hacerlo. Si no sabes por dónde empezar, sigue leyendo porque vamos a explicártelo todo.

En este artículo descubrirás cómo obtener ingresos extras gracias a cuatro importantes plataformas de economía colaborativa.

Cuatro plataformas de economía colaborativa con las que generar ingresos extras

1. BlaBlaCar

A no ser que hayas vivido en otro planeta durante los últimos años, seguro que conoces BlaBlaCar, la plataforma para compartir coche de forma colaborativa más popular del mundo. Sus más de 65 millones de usuarios activos, que se dice pronto, son una buena prueba de ello.

Si haces un trayecto en automóvil de forma frecuente deberías darte de alta en la app y empezar a monetizarlo. Conseguirás una fuente de ingresos pasivos sin más esfuerzo que el de hacer una parada para recoger a tus acompañantes.

Además de los ingresos extras y del consiguiente ahorro podrás conocer gente nueva, el trayecto será más divertido, más seguro (la conversación evitará que te entre sueño) y le harás un favor al medio ambiente. ¿Qué más se puede pedir?

2. Amovens

Se definen en su página web como *"la revolución social del coche"*. Esta plataforma no solo facilita los viajes compartidos al estilo BlaBlaCar (pero con menores comisiones), sino también el alquiler de coche entre particulares.

Cuenta con 1,5 millones de usuarios y casi 200.000 coches que están siendo compartidos.

Piénsalo, la posibilidad de alquilar tu coche es muy interesante. En lugar de tenerlo aparcado en la puerta de casa puedes ganarle un extra cada mes. Tú decides cuándo y a quién se lo quieres alquilar con la garantía de que Allianz cubrirá los gastos en el caso de que ocurra algún incidente.

3. Airbnb

Imposible hacer una lista de apps de consumo colaborativo y dejar atrás a Airbnb, la plataforma que ya ha cambiado las reglas del negocio de los alquileres vacacionales poniendo en contacto a las personas que quieren alquilar sus viviendas con huéspedes que necesitan alojamientos temporales.

Si tienes una vivienda vacía, estás perdiendo dinero. Podrías obtener por ella unos ingresos bastante importantes alquilándola aquí. También puedes ganar dinero si alquilar una habitación de la casa en la que vives. Incluso podrías ganar dinero sin tener una casa gracias a su sistema de invitaciones.

4. Coursera

Desde hace varios años, la formación online también se encuentra en fase de ebullición. Coursera es una de las plataformas líderes en este sector. Fundada por dos profesores de la Universidad de Stanford en 2012, cuenta con miles de cursos y millones de usuarios activos.

Si eres experto en alguna temática puedes publicar tu curso en esta comunidad y ganar una comisión por los beneficios que genere. El curso es barato de producir, sólo necesitas tiempo libre, y aún más barato de distribuir: subes el contenido a la plataforma y, si es bueno y consigue descargas, a esperar a cobrar los royalties.

5. Fiverr

Si eres emprendedor y tienes una habilidad que quieres explotar, con Fiverr podrás hacerte un hueco en internet y ganar algo de dinero como freelance. Por ejemplo, traduciendo texto, con diseño gráfico, redactando contenido para webs, impartiendo clases particulares…

Los servicios son muy variados y no pierdes nada por intentarlo, pero no esperes hacerte rico porque cada servicio se compra o vende a solo cinco dólares.

Capítulo 9

Como Ganar Dinero escribiendo E-book

Cuando llega el momento de **publicar un libro,** una de las mayores dudas que se plantea un escritor es si autopublicar o hacerlo con una editorial. Dicen que lo mejor es ser un autor híbrido, aunque esa es otra historia… Lo único que tengo claro es que hay un momento de incertidumbre cuando un autor duda si solo **publicar en Amazon o si probar también con otras plataformas.**

En este capítulo voy a contarte cuales son los pros y los contras de cada elección después de haber hecho la prueba durante algunos meses. Quiero dejarte claro que esta es **mi experiencia,** que no tiene por qué ser la misma que han tenido otros escritores.

PRIMEROS PASOS EN LA AUTOPUBLICACIÓN

Empecé en esta aventura mandando mi manuscrito a editoriales (sobre todo de juvenil, que era mi género) y a concursos. Quería probar, tener la experiencia antes de darlo por perdido. Además, pensaba que autopublicar siempre sería la última opción. Por supuesto, era porque no tenía ni la mitad de información que tengo ahora.

Al ver que no recibía respuestas y nada me convencía, decidí intentarlo con Amazon. Una de las dudas iniciales fue si darle exclusividad a la plataforma, con su ya famoso **Amazon KDP Select** o si publicar también en otras páginas. Decidí quedarme los **tres meses** que dura la exclusividad, porque tiene muchas ventajas que te explico en este artículo y porque creo que es la mejor opción para empezar.

Si ya eres un escritor emprendedor o pretendes serlo, sabes que las ventas dependen de cómo hagas la publicidad, cómo gestiones las redes sociales o de las colaboraciones con blogs literarios o booktubers, entre otras. Amazon, ni ninguna otra plataforma, va a darle bombo a tu novela. A lo máximo que llegará es a ponerla en los primeros puestos de una categoría para darle algo de visibilidad o a compartir su estreno por twitter, como hace Lektu. **El resto depende de ti, de hacer bien las tareas** (si no sabes de qué te hablo, más te vale que leas los artículos de Marketing Online para Escritores).

LOS TRES MESES DE KDP SELECT

Durante estos noventa días que dura le exclusividad, sabía que la novela no podía aparecer en otro lado, así que me relajé. Hablé de vez en cuando de ella en las redes (siempre sin abusar ni incordiar al personal y, por supuesto, sin mandar mensajes privados de «lee mi novela, por favorrrrr»), compartí las reseñas, hice un booktrailer, etc. Ya sabes cómo va esto.

Comprobé que en ese tiempo, **muchos lectores empezaron a leer mi novela** porque estaba en Kindle Unlimited o incluso comentaban por las redes que la tenían en su lista de pendientes. Cada vez hay más suscriptores en esta opción que da Amazon y que, para los grandes lectores tiene muchos beneficios por un módico precio al mes. Además, también los clientes Prime tienen opción de leer tres libros gratis al mes, con lo que las posibilidades de que vean tu novela se amplían.

Todo esto está genial para los lectores, pero te estarás preguntando: **¿en qué me beneficia como autor?** Amazon te va a pagar por cada página leída en cualquiera de las dos opciones. No es que sea una gran suma, pero si siempre hay alguien con tu libro, poco a poco irás ganando algo de dinero.

OTRAS PLATAFORMAS

Cuando terminé el periodo de exclusividad, que renové solo una vez, decidí que era el momento de lanzarme a otras plataformas. **Tenía mucha**

ilusión porque pensaba que así tendría más posibilidades. Conocía pocas, pero tenía claro que debía intentarlo y no limitarme a una única opción.

El sistema en los otros lugares que he usado es más o menos el mismo que en Amazon, incluidas las regalías o los impuestos, así como la forma de pago, etc. En ese sentido no había pérdida, la verdad, así que lanzarse era pan comido. O eso creía yo. Te voy a contar cómo fue mi experiencia con cada una de las plataformas que usé, donde analizo **lo mejor y lo peor de cada una de ellas.**

Quiero dejarte claro que estas son las que yo he usado y que hay más que desconozco. Tampoco he añadido la venta en tu propia página, ya que yo no tengo tienda en la mía.

1. LEKTU

Empiezo por Lektu porque, de todas las plataformas, **fue la que más me gustó.** No solo por las opciones de venta tan novedosas que tiene, sino porque me parecía una buena alternativa. Además, el sistema de publicación es sencillo.

Existe la opción de vender la novela en diferentes formatos (epub, mobi, PDF), lo que es genial para quien use distintos dispositivos; incluso en papel. La única pega del papel es que tienes que encargarte de todo, no como en Amazon, donde lo imprimen y se lo mandan al comprador.

Cuando empecé, todo fue bien, porque **el libro tuvo visibilidad** en su página principal durante algunos días y lo anunciaron en Twitter. Tuve algunas ventas, pero luego todo se paró. Fue una lástima, porque esta plataforma me gusta bastante y la uso como lectora también.

Lo mejor: es sencilla de usar y tiene alternativas de venta interesantes (pago social, pago si te gusta, etc.), además de que puedes vender en diferentes formatos.

Lo peor: no es muy conocida todavía

2. GOOGLE PLAY BOOKS

Google Play Books fue mi mayor decepción, pero sobre todo por el resultado final. Me costó mucho poder poner mi novela a la venta. Ni te puedes imaginar la de pasos y requisitos que tiene. Esto no es como Amazon, que puedes subir tu libro (creo que antes sí se podía hacer). No. **Necesitas contactos y recomendaciones.**

Conseguí el correo del director en España. Después de hablarle de mi libro y de la persona que me había recomendado, aceptó que estuviera en la plataforma. Me mandó un contrato enorme con muchas opciones y tuve que seguir un largo proceso hasta que vi mi novela a la venta. Incluso el propio sitio era lioso y te hacía seguir unos pasos que no veas. No me considero torpe con la tecnología, más bien al contrario, y tuve problemas para ubicarme en su plataforma, al punto de tener que contactar con el soporte (que es bastante amable y explica todo bien, la verdad).
No me sirvió de nada. Mi libro tuvo visitas, pero ni una venta. Tal vez fue cosa de mi novela, claro. No me voy a poner una venda en los ojos y echarle la culpa a otros. Pero después de todo lo que tuve que liar para ver allí mi libro, encontrarme con esto fue un chasco grande. Sobre todo porque me habían

dicho que juvenil funcionaba muy bien en ese lugar.

Lo mejor: llega a muchos lectores hispanohablantes que cada vez más usan móvil y Tablet para leer.

Lo peor: el proceso para publicar y la propia plataforma.

3. SMASHWORDS

Desde que elegí publicar en Smashwords, lo hice medio sin ganas, a pesar de que era consciente de que mi novela estaría en muchas plataformas a la vez. Fue sobre todo porque me daba la sensación de que era más **para lectores en inglés.** Sí. Está todo en ingles, pero es intuitivo el proceso de subir tu novela, así que no tiene la menor complicación. Además, ellos te asignan un ISBN y no tienes que comprarlo, a pesar de que parece que tiene que ser así.

Lo peor de todo fue conseguir el formato adecuado para publicar. Esto no es como en otros sitios, donde adjuntas un mobi o epub. No. Ellos te dan un Word con miles de instrucciones de **su guía de estilo** (en inglés) y tú tienes que maquetar la novela siguiendo unos pasos concretos para que esté bien cuadrada. Puedes jugártela con tu propio epub, pero te avisan de que tal vez no se vea bien porque está en beta. ¿Quién es capaz de arriesgarse a que los lectores le tiren al foso de los cocodrilos por una mala maquetación? Yo no, desde luego.

En todo el tiempo en que estuve en esta plataforma, tuve una sola venta. Incluso en unos días en que anuncié que había un descuento del 50% pasó sin pena ni gloria, como una planta rodadora del desierto.

Lo mejor: al estar allí, puedes vender en otros muchos lugares como Apple iBooks, Kobo, etc.

Lo peor: solo está en inglés y es lioso el proceso de creación del ebook

4. CASA DEL LIBRO

Se me ocurrió elegir la opción que ofrece Casa del Libro con su auto publicación Tagus por lo que supone estar en un lugar así, el sueño de todo escritor. Sin embargo, el proceso de encontrar dónde publicar tu libro ya era de por sí complicado, ya que los enlaces no están visibles. Es todo muy caótico. Lo que me enfadó fue que **mi novela no aparecía en el buscador,** ni siquiera mi nombre como autora, así que la dejé allí como cosa perdida, imaginando que tal vez algún día me sorprendería con una venta (cosa que no ocurrió nunca).

Cuando conseguí encontrar la novela (ni siquiera sé cómo lo hice), la portada no se cargaba de manera correcta y aparecía **un cuadrado feo en marrón.** Eso sacó lo peor de mí, porque la portada es la mejor manera de que tu libro destaque del resto. ¡Y bien que puse empeño en que así fuera para que me lo echaran por tierra estos de Tagus!
La sensación que tuve fue de que, si no pagaba por sus servicios adicionales, la novela iba a pasar por esa plataforma sin pena ni gloria. No sé si será cierto o no, pero, como ya digo, fue la sensación que me dio. Y no solo yo tuve mala experiencia. En este artículo, Clara Tiscar te cuenta la suya.

Lo mejor: pensar que tu novela está en un lugar tan importante

Lo peor: la dificultad para encontrar la manera de publicar y la sensación de que para ellos lo autopublicado es de segunda comparado con su catálogo

Capítulo 10

Como Ganar Dinero siendo asistente virtual

La profesión de asistente virtual es una de esas nuevas oportunidades que han surgido con las nuevas tecnologías, y cuya demanda se prevé que siga creciendo en los próximos años.

Un asistente virtual es alguien que trabaja a distancia ocupándose de varias tareas de otras personas, ya sean blogueros, emprendedores o incluso empresas, para descargarles del trabajo más tedioso y pesado.

Algunas de las funciones que realizan los asistentes virtuales son las siguientes:

- Recibir y contestar correos electrónicos
- Ocuparse de la agenda de su cliente
- Actualizar contenidos
- Pagar a proveedores
- Organizar eventos presenciales
- Preparar documentos en Word o PDF
- Gestionar y dinamizar los grupos privados de Facebook
- Colgar contenidos en las redes sociales
- Editar vídeos
- Editar contenidos escritos

En general suelen ser tareas bastante mecánicas, pero en caso de que el cliente confíe en el asistente virtual y establezcan una relación de confianza, es posible que terminen delegando tareas de mayor responsabilidad, como escribir contenidos o contactar con medios de comunicación.

Existen varias formas de conseguir clientes como asistente virtual:

- Puedes **contactar tú mismo** con empresas, blogueros o emprendedores y presentar tus servicios (lo ideal será que aportes una muestra para que comprueben la calidad de tu trabajo)

- Puedes **estar atento a las solicitudes** de asistentes virtuales que suelen realizar los blogueros a sus suscriptores

- Puedes **darte de alta en Upwork o Freelancer**, ya que muchos emprendedores buscan asistentes virtuales en esas plataformas

Las tarifas de un asistente virtual acostumbran a calcularse en un precio por hora, que suele oscilar desde los 10 hasta los 40 euros por hora trabajada, aunque algunos asistentes especializados pueden llegar a cobrar bastante más.

- No requiere ninguna inversión inicial
- No es necesaria ninguna habilidad específica, solo capacidad de gestión
- Se puede hacer desde casa y a tiempo parcial
- Puede llegar a ser monótono o poco gratificante
- No es posible automatizarlo

Capítulo 11

Como Ganar Dinero siendo Freelance

FreeLancer es el profesional autónomo que trabaja de manera independiente prestando servicios para personas físicas o empresas.

Muchas personas han decidido hacer un trabajo freelance, ya sea para reinsertarse en el mercado de trabajo, ganar un dinero extra o tener más autonomía y libertad en la carrera.

Los contratos se realizan por tiempo determinado, de acuerdo con la disponibilidad y con la demanda del cliente.

Como el profesional trabaja por su cuenta, esta carrera es una excelente oportunidad para quien quiere trabajar en Internet y prestar servicios desde donde esté.

El problema es que muchas personas que deciden actuar en el área no saben si tienen el perfil ideal, ni tienen idea de lo que es necesario para empezar.

Entiende todo sobre este tema y entérate lo que necesitas hacer para trabajar como freelancer.

¿Cuál es el perfil del freelancer?

El trabajo freelance le ofrece varias ventajas al profesional, pero no es todo el mundo que logra adaptarse y sacarle provecho a este tipo de servicio.

Por ser una profesión liberal, es fundamental que la persona tenga o desarrolle algunas características para administrar bien su tiempo, sus finanzas y las demandas de los clientes.

Mira algunas de las características principales que necesitas tener, si deseas empezar a prestar servicios como freelancer.

1. Ser organizado

Por más que el profesional freelance le preste servicios a otras personas, es el único responsable de organizar todo lo que se refiere a su trabajo.

Por lo tanto, necesitas conservar un mínimo de organización para que puedas montar tu agenda, responder a los clientes con agilidad, divulgar tu servicio y ejecutar todas las tareas relacionadas.

En el caso de un freelancer, que la mayoría de las veces trabaja en casa o en oficinas compartidas a través de Internet, es fundamental que tenga una buena organización sobre todo en lo que respecta a la rutina, saber separar la vida personal de la profesional, dedicar un espacio adecuado para trabajar y entregar todo dentro del plazo, incluso sin nadie a su lado recordándoselo, son algunas de las habilidades que debe cultivar.

El profesional que no puede organizarse por cuenta propia puede acabar perjudicando su imagen en el mercado, retrasar entregas importantes y perderse en medio de tantas atribuciones.

2. Ser comunicativo

Las oportunidades de trabajo no le caen del cielo a nadie, mucho menos a quien trabaja como autónomo.

Entonces, si quieres trabajo freelance, necesitas ser una persona comunicativa, saber expresarte bien y transmitir confianza al conversar con tus potenciales clientes.

Es por medio del contacto con otras personas que el profesional va a poder mostrar que es bueno en lo que hace, además de lograr hacer un buen networking y destacarse en el mercado.

3. Saber negociar

Saber fijar los precios por el trabajo nunca es una tarea fácil. Principalmente para quien está empezando, puede ser un desafío descubrir el valor correcto de cada servicio y posicionarse cuando el cliente sugiere algo diferente.

Sin embargo, el buen freelancer es aquel que sabe negociar para llegar a un precio que le parezca justo a las dos partes.

Es necesario saber explicar los motivos por los que está cobrando cierto valor y saber que, dependiendo de la situación, vale la pena considerar una propuesta para fidelizar al cliente o ganar más experiencia.

Después de un cierto tiempo de actuación, es más fácil saber cuánto cobrar por el trabajo.

Pero al principio es necesario tantear y negociar bastante para poner un precio que sea atractivo, sin desvalorizar lo que haces o ofreces y terminar trabajando prácticamente de forma gratuita.

4. Saber usar Internet a su favor

Como FreeLancer, Internet será la vitrina de tu trabajo.

Por eso es imprescindible que conozcas las herramientas disponibles y las mejores técnicas para divulgar lo que haces y atraer clientes.

Crear un blog y mantener perfiles en redes sociales como Instagram, Facebook y LinkedIn son algunas de las estrategias que los profesionales pueden usar.

Al compartir contenidos interesantes y que agregan valor a los usuarios, muestras que tiene autoridad en el asunto y comienzas a adquirir más reconocimiento en tu nicho.

Por ejemplo:

Un FreeLancer que se dedica a la redacción de textos puede preparar artículos completos con consejos de escritura, técnicas de SEO o errores más cometidos por los redactores. Así puede mostrar que sabe todo sobre el tema, conquista la confianza de las personas y crea una marca personal, que es lo que diferencia a un profesional de sus competidores.

¿Cómo trabajar de FreeLancer?

Si te has identificado con este perfil, ya tienes buenas posibilidades de convertirte en un FreeLancer de mucho éxito.

Entonces, ha llegado el momento de descubrir lo que necesitas para empezar a trabajar online

1. Ten un portafolio de trabajo

Es común que el cliente y el FreeLancer no tengan ningún tipo de contacto presencial antes, durante, ni después de cerrar el contrato.

Por este motivo, muchas personas tienen miedo de contratar a un profesional sin conocer bien su trabajo.

Tener un portafolio es la mejor manera por parte del FreeLancer de mostrar un poco de su trayectoria profesional, citar sus habilidades y dar a conocer sus principales trabajos y clientes.

Por lo tanto, no dejes de crear una cartera completa, con toda la información necesaria para que el cliente se dé cuenta de que tienes exactamente lo que buscas para tu proyecto.

Al principio, sobre todo para quienes están aprovechando la oportunidad y se aventuran en una nueva carrera, puede que no tengas ningún trabajo para mostrar en tu portafolio de trabajo.

¡Pero no te preocupes, ni te desanimes! Puedes empezar a hacerlo tan pronto como termines tu primer trabajo.

Una buena sugerencia para quien está empezando es agregar materiales creados gratuitamente o como voluntario, por ejemplo, trabajos hechos para amigos, para proyectos personales o instituciones.

Incluso si no han sido trabajos hechos exactamente en los moldes que tus clientes se sienten interesados, pueden servir para mostrar la calidad de lo que haces

2. Pide recomendaciones

Pocas propagandas son más eficientes que un cliente al que ya le has hecho un trabajo, ¿no es así?

Esto también sirve para el trabajo freelance. Al final, quien ya contrató tus servicios y le ha gustado tu trabajo tiene grandes posibilidades de hablar bien de ti y mostrarles a las personas tu compromiso con lo que haces.

Entonces, siempre que sea posible, recurre a tus propios clientes o compañeros de profesión que puedan recomendar tu trabajo, compartir experiencias positivas que han tenido contigo y recomendarte para nuevos trabajos.

Aún más importante que saber pedir recomendaciones es ofrecer siempre lo mejor de ti. Así, empiezas a ser recomendado espontáneamente, pues habrás obtenido la confianza de las personas y les habrás mostrado que estás preparado para asumir retos.

3. Comprométete solo con lo que puedas

Muchas personas que empiezan a trabajar por su propia cuenta terminan asumiendo varios trabajos para garantizar una renta mayor al final del mes. Sin embargo, no siempre es una buena estrategia.

Es importante darle mucha atención a los compromisos para que asumas solo aquellos trabajos que realmente puedes hacer con calidad y dentro del plazo estipulado.

La mayoría de las veces, es más rentable asumir menos proyectos para tener tiempo de hacerlos con calma y entregarle algo valioso al cliente. Así transmites una imagen profesional y ganas credibilidad en el mercado.

En el futuro este cliente puede contactarte de nuevo o recomendarles tu trabajo a otras personas, lo que es mejor que asumir varios trabajos al mismo tiempo y entregarlos con menos calidad.

4. Haz tu propia promoción

¿Recuerdas que dijimos que el FreeLancer es responsable de todo lo que implica su trabajo?

El marketing no es una excepción.

Necesitas crear tu marca, divulgar tu trabajo y mostrar lo que te diferencia de los demás freelances, para que la gente concluya que realmente eres el profesional más indicado para lo que necesitan.

Por eso la importancia de saber comunicarse y posicionarse en Internet, pues el medio digital es el lugar ideal para presentarse y prospectar clientes.

Para hacer ese marketing personal con asertividad, descubre tus puntos fuertes y débiles y conoce también a tu competencia.

De esta forma lograrás construir una marca atractiva para los clientes y les mostrarás que ofreces ventajas exclusivas y relevantes.

También es importante saber crear asociaciones y participar en eventos, foros y comunidades sobre el nicho en el que actúas, para que las personas empiecen a conocerte y, principalmente, a descubrir tu trabajo.

5. Hazte presente donde tus clientes lo están

Todo profesional sueña con ser reconocido por lo que hace, pero no sirve de nada divulgar tu trabajo en miles de canales diferentes, si tu audiencia no está en ninguno de ellos, ¿verdad?

Estudia bien el perfil de tus clientes para que entiendas mejor dónde están y logres alcanzarlos con tus estrategias de marketing.

Esta es la hora de usar todo lo que sabes sobre el entorno virtual para crear perfiles interesantes en las redes sociales y registrarte en las mejores plataformas online de contratación de freelances.

Hay varias opciones que pueden conectarte con los clientes y tu elección dependerá del tipo de servicio que ofreces.

6. Organiza bien tu tiempo

Prepárate para usar todas tus técnicas de organización, pues necesitarás organizar bien tu tiempo para conciliar los trabajo freelance con tus otras actividades.

Si no te planeas bien esto, corres el riesgo de acumular tareas y perjudicar el rendimiento de tu trabajo.

Además, cuando los horarios están bien definidos y tu agenda está organizada, es más fácil encontrar tiempo para nuevos proyectos, anticipar lo que es más urgente y encontrar espacios para descansar y divertirse, lo que es importante para todo profesional.

Hay varias herramientas que te pueden ayudar, como *planners*, agendas, aplicaciones móviles y el calendario de Google, por ejemplo.

Lo importante es que organices bien tu día de acuerdo con tu rutina y registres todas las actividades, para que puedas hacer todo de la mejor manera posible.

7. Estudia siempre

Por más que creas que ya conoces todo sobre tu mercado, siempre hay algún tema nuevo que puedes aprender o alguna habilidad que puedes perfeccionar.

Además, mantenerse al día es una de las mejores maneras de liderar la marcha del mercado frente a los competidores y destacarse.

El buen freelancer es aquel que está constantemente estudiando y especializándose para ofrecerles lo mejor a sus clientes.

Una de las áreas de conocimiento más importantes para este profesional es el marketing digital, después de todo, tienes que saber divulgar y vender tu trabajo en Internet.

Plataformas para trabajar como FreeLancer

Nubelo

Nubelo es una plataforma de trabajos para freelancers que además cuenta con aplicación para móvil (iPhone y Android). En ella encontrarás más de 92.000 ofertas en áreas como desarrollo web y móvil, marketing, diseño, redacción y traducción, SEO, contabilidad y más.

Este servicio está especializado en trabajos realizables en un entorno digital, de forma que las barreras gráficas se suprimen. Apuntarte como freelance es gratis, pero el perfil básico tiene ciertas limitaciones que puedes eliminar mejorándolo a la modalidad premium (29€/mes).

InfoJobs Freelance

Siendo InfoJobs la web de empleo más conocida en España, no podía faltar su sección especial para freelances. Más de 151.000 profesionales la usan ya para trabajos de diseño web, desarrollo de apps, traducción, redacción para blog, y más - aunque las más numerosas son las orientadas a perfiles técnicos.

El registro es gratuito, pero hay que tener en cuenta que Infojobs cobra al FreeLancer una comisión del 8,5% sobre el importe que haya cobrado por el trabajo realizado.

FreeLancer

La plataforma FreeLancer es una de las más conocidas de este tipo, y lleva ya unos cuantos años ofreciendo sus servicios de conexión entre empresas que buscan recursos para sus proyectos, y freelances que buscan un empleo.

Encontrarás ofertas relacionadas con desarrollo y diseño web, marketing y SEO, redacción de artículos, entrada de datos, y en general ocupaciones centradas en el universo de internet y profesiones de entorno digital.

Geniuzz

Geniuzz se define como una "plataforma de compraventa de pequeños servicios". Esta web pone en contacto a profesionales freelance que quieran ofrecer su trabajo con empresas que buscan trabajadores para proyectos concretos.

Las ofertas de trabajo son de índole muy variada, desde las clásicas como redacción, traducción, diseño o marketing, hasta cosas más "mundanas" como ayuda con la declaración de la renta, organización de viajes, o incluso elementos de artesanía.

Twago

Twago pone también en contacto a freelances con clientes potenciales, bien a través de ofertas de empleo para proyectos concretos, bien mediante la sección especial de productos - una tienda online para paquetes de trabajo ya "cerrados", como por ejemplo la redacción de un artículo o el diseño de un logo por un precio fijo.

Crear una cuenta de usuario es gratis, y la plataforma cobra un pequeño porcentaje por cada trabajo cobrado, aunque los términos y condiciones de uso no especifican de cuánto se trata.

Workana

Esta plataforma está centrada en América Latina, y cuenta ya con más de 280.000 freelancers inscritos en ella que optan a ofertas relacionadas con diseño y desarrollo de aplicaciones, vídeo y animación, redacción y traducción de textos, campañas de marketing, consultoría legal y financiera, y más.

Puedes crear un perfil de usuario gratis, pero ten en cuenta que la plataforma se quedarán un 15% de lo que cobres a tus clientes por el trabajo realizado.

Fiverr

En Fiverr el funcionamiento es un poco diferente. En lugar de recopilar ofertas de trabajo para freelancers, son los propios profesionales los que ofrecen sus servicios, tratando de vender su trabajo de la forma más atractiva y profesional posible. Como suele ocurrir en este tipo de plataformas, los trabajos cubren áreas como diseño gráfico, marketing digital, traducción y redacción, animación y vídeo, programación, etc.

Eso sí, si bien otras plataformas similares ofrecen mini-trabajos, en el caso de Fiverr esto se lleva al extremo, con precios realmente muy tirados. Si buscas un sueldo decente para poder vivir como freelancer, vas a tener que aceptar muchos, muchísimos trabajos en Fiverr - o mejor optar por otra plataforma. Para unos simples ingresos extras sin mayores complicaciones, sin embargo, no está mal.

Flexjobs

En Flex Jobs se plantean el servicio de oferta y demanda de puestos de trabajo para freelances de otra forma. Cobran una cuota por el servicio, y a cambio te dan acceso ilimitado a sus ofertas de trabajo, portfolio online personalizable, alertas vía email... y garantía ante cualquier posible problema.

Otra diferencia es que Flexjobs incluye no sólo empleos para freelances, sino también ofertas a tiempo completo, a tiempo parcial, con horario flexible... en total, a día de hoy, esta plataforma cuenta con casi 30.000 ofertas en 55 categorías laborales diferentes.

Guru

Guru es de las más veteranas en este tipo de servicios, ya que fue fundada en 2001. A día de hoy cuenta con un millón y medio de usuarios en todo el mundo, y cuenta en la actualidad con más de 5.600 ofertas de trabajo. La mayoría de ellas se centran en el campo del desarrollo de software, pero también hay ofertas relacionadas con arte, diseño, ventas, marketing y finanzas, por ejemplo.

En Guru te puedes hacer una cuenta gratis, pero tiene ciertas limitaciones. Para eliminarlas, es necesario actualizar la cuenta a un plan de pago, a partir de 9 dólares al mes (hay cuatro modalidades para elegir). Además, Guru cobra pequeñas comisiones por ciertas transacciones.

Upwork

Más de cuatro millones de potenciales clientes te esperan en Upwork, donde puedes encontrar ofertas de empleo relacionadas con desarrollo de apps online y de móvil, diseño, marketing, atención al cliente, redacción y traducción, etc.

Como en otras plataformas de este estilo, crear un perfil de usuario es gratis, pero el servicio cobra una comisión (10%) de cada pago recibido. Asimismo, existen diversas opciones de perfil Premium con funciones extra.

Doz

Doz no es tanto un servicio de empleo para freelances, sino más bien una plataforma de marketing digital que proporciona a las empresas todas las herramientas que necesitan para planificar sus campañas online y luego subcontratar a expertos que se encarguen del trabajo.

Sin embargo, si eres redactor, blogger, especialista en marketing online o en SEO, experto en social media... quizás te interese apuntarte, puesto que puedes recibir ofertas adecuadas a tu perfil.

Crear el perfil es totalmente gratis, pero no tienes acceso a una bolsa de trabajo; al contrario, son las compañías las que te hacen propuestas y tú decides si aceptar el trabajo o no - pero pueden pasar semanas o meses entre ellas.

¿Estás interesado en seguir la carrera de FreeLancer, trabajar como autónomo?, pues pon tus conocimientos en práctica para que empieces ya a ofrecer tus servicios y tus clientes reconozcan la calidad que les ofreces

Capítulo 12

Como Ganar Dinero siendo Bussines Ángel

Es probable que hayas notado que cada día más gente quiere convertirse en un bussines ángel o inversor privado. Si alguna vez te has planteado serlo, estás de enhorabuena: **este es el momento**.

Esto se debe a la gran rentabilidad que puede dar invertir tu dinero en startups y apoyar económicamente a nuevas ideas emprendedoras que pueden revolucionar y adueñarse de todo el mercado cambiando las vidas de sus clientes y convirtiéndose en indispensables para ellos

¿Y qué es un bussines ángel o inversor privado?

Un bussines ángel o inversor privado, no solamente aporta capital financiero, sino que también apoya a los emprendedores mediante sus conocimientos en estrategia y gestión empresarial, así como en otros ámbitos profesionales que domine y que puedan de ser de utilidad para el desarrollo y la consecución de los éxitos del startup.

Es una persona que tiene éxito en su campo profesional pero que quiere invertir en nuevos sectores y mercados, buscando siempre las mejores oportunidades de negocio. Son personas que saben detectar las mejores oportunidades y dónde buscar las mejores opciones de inversión y detectar proyectos con mayor potencial y que estén más cerca de conseguir el éxito y con una rentabilidad millonaria.

Si te pica el gusanillo inversor, en este post descubrirás una manera sencilla de cómo convertirte en un bussines ángel o inversor privados para poder invertir y obtener una alta rentabilidad.

Conviértete en un Ángel Inversor

En **primer lugar**, hay que **analizar y establecer la cantidad de dinero que se dispone para invertir**. Deberás saber que una inversión financiera normalmente es a medio o largo plazo, por lo que deberás ser paciente y realizar los movimientos adecuados para intentar lograr la mayor rentabilidad posible.

En **segundo lugar**, deberás de **realizar un análisis de las diferentes opciones de inversión**, la rentabilidad que ofrecen y los diferentes riesgos intrínsecos a la posible operación financiera. Cuanto mayor sea la profundidad del análisis, mayor será el conocimiento sobre los riesgos existentes y mayor será la capacidad para poder mitigarlos y evitarlos, maximizando las posibilidades de conseguir el éxito y una mayor rentabilidad financiera.

Existen diferentes opciones para realizar unas inversiones como, por ejemplo, los fondos de inversión, el mercado de valores, los productos financieros de entidades bancarias, los bonos del estado, el mercado inmobiliario o los startups.

Cabe recordar que todas las inversiones conllevan riesgos, de ahí la importancia de analizarlos de la manera adecuada y ser conocedores de ellos, así como de dónde se va a invertir. Todo ello se trata de aprender a tomar decisiones sobre tu dinero y de elegir dónde situarlo para obtener el mayor beneficio posible, jugando también con los diferentes riesgos existentes y tratando de evitarlos.

Es conocido por todo el mundo que, a mayor rendimiento financiero, mayor riesgo. Por tanto, debemos también elegir qué tipo de inversor se quiere ser, uno muy conservador y obtiene una rentabilidad muy escasa, uno que lo arriesga todo y que tiene una alta probabilidad de perder, o quién estudia todas las variables, conoce el sector y mercado donde va a invertir y juega con los diferentes riesgos para obtener la mayor rentabilidad posible.

Los startups, la opción más rentable para invertir

Una de las opciones más interesantes, si no la que más, para invertir hoy en día son las startups. Realizar una inversión en un startup, es una manera rentabilizar tu dinero pudiendo multiplicar tu inversión gracias a los nuevos modelos de negocio que están creando y que consiguen que su valoración económica como empresa pueda llegar a muy alta, en ocasiones, a obtener una valoración multimillonaria.

Invertir en startups es la mejor opción de inversión debido a diferentes motivos. En primer lugar, al increíble beneficio económico que se puede obtener, ya que pese al riesgo que existe en la inversión, los startups ofrecen una gran rentabilidad. En segundo lugar, realizar una inversión en un startup es más lucrativo que invertir en otras opciones debido al declive y la baja rentabilidad de algunos de los sectores más tradicionales como el mercado de valores, los productos financieros de entidades bancarias y la especulación inmobiliaria.

Otra de las ventajas que tiene invertir en un startup es la participación que puedes tener en ella, no solo económicamente sino aportando, por ejemplo, feedback al equipo sobre los productos, servicios, contactos de potenciales clientes o mentorización sobre la gestión empresarial.

Para saber en qué startup invertir hay que analizar, entender y compartir la idea que los emprendedores pretenden desarrollar y si creen que los servicios o productos que desarrollan son de utilidad y van a satisfacer las necesidades de los posibles clientes, haciendo que estos quieran pagar por ello. También hay que analizar el modelo de negocio y comprobar si va a ser rentable. Por último, hay que analizar el equipo humano que forman el startup y sus aptitudes para llevar a cabo el proyecto y desarrollar todas las ideas de manera eficaz para la obtención de los mejores resultados y más lucrativos posibles.

Club de inversores

Un club de inversores es un grupo de personas que te ayudan a convertirte en inversor; te ayudan a buscar oportunidades de negocio y a invertir tu dinero de forma rentable. Un club de inversores realiza análisis de negocios e inversiones potenciales de las que obtener partido y ganar dinero. Si quieres aprender a invertir tu dinero y obtener rentabilidad y beneficios, será tu mejor opción.

Un club se diferencia de un inversor privado porque un club no sólo aporta dinero y financiación, sino que además de ello aporta conocimiento, experiencia y soporte en la estrategia y gestión en empresas.

Es la opción perfecta para invertir en startups de manera fácil, con asesoramiento, evitando así cometer errores comunes en las personas más inexpertas. No necesitarás ser un gran inversor que pretenda la compra de un gran porcentaje del startup.

Podrás diversificar tu dinero invirtiendo en diferentes startups a la vez y de esta manera mitigar el riesgo a perder. Multiplicarás las opciones de obtener rentabilidad y beneficios. Podrás tener acceso a inversiones que requieren de un capital inicial elevado, invirtiendo en conjunto con otros miembros del club. Esta es otra ventaja que te ofrece un club de inversores, ya que siendo un inversor único y yendo por tu cuenta no podrías acceder, ya que en muchas ocasiones hay inversiones que requieren una aportación monetaria muy elevada, y que antes de la aparición de estas sociedades, solamente estaban reservadas a grandes inversores.

También te ayudan con el asesoramiento sobre la inversión y en la elección del startup perfecto para ti, gracias a la experiencia que disponen en la materia, sumado al filtrado y a la selección que realizan de los startups más prometedores, para trabajar e invertir en ellas. Te ayudan a invertir tu dinero y a conseguir inversiones eficaces y rentables.

Capítulo 13

Como Ganar Dinero siendo Life coach

¿Estás buscando un y que te permita ser tu propio jefe e interactuar con otras personas? ¡Entonces puedes ser un life coach! La demanda por este tipo de mentores no para de crecer y la industria ya está valuada en dos mil millones de dólares. No es necesario que tengas un título para hacer este trabajo, de hecho, la mayoría empieza con sólo un poco de entrenamiento. Lo más importante es tener una actitud positiva y un deseo genuino de ayudar a mejorar la vida de otras personas. Si crees que tienes lo que se necesita, es hora de seguir leyendo y aprender que es lo que necesitas para transformarte en un exitoso life coach.

Descripción del trabajo de un life coach

Entonces, ¿Qué es lo que hace un life coach?

Este es un método para ganar dinero bastante especial. Ser un life coach es algo así como ser un entrenador de un equipo de fútbol. Un entrenador diseña estrategias para ayudar a su equipo a ganar los partidos. Encuentra las fortalezas y las debilidades de cada uno de sus jugadores y los ayuda a desarrollar sus talentos y a superar los obstáculos para que sean mejores en lo que hacen.

Los life coaches hacen lo mismo, pero en vez de hacerlo con grupos de atletas, lo hacen con hombres y mujeres particulares que quieren lograr ciertas cosas en su vida. Un life coach puede reunirse con un cliente por Skype o un servicio similar, por teléfono o en persona. También pueden asignar tareas o ejercicios a sus clientes.

Muchos se especializan en un área determinada. Por ejemplo, un life coach puede concentrarse en ayudar a otros a desarrollar su carisma. Otro puede ayudar a la gente a organizarse mejor, aprender a prestar atención a los detalles o a cumplir sus sueños. Es un campo muy amplio y puedes elegir cualquier tipo de especialidad que te interese.

Cómo empezar a ser un Life Coach

Convertirte en life coach y empezar a ganar dinero no requiere que obtengas un título ni una licencia. Sin embargo, hay algunos programas de los que puedes participar para tener una certificación que te ayudará a que tus potenciales clientes confíen más en tus talentos. Si quieres ser un life coach, sigue estos simples pasos:

1. Encuentra un tema que te interese.

Antes de meterte en los detalles de empezar a trabajar como life coach, es importante retroceder un poco y descubrir por qué te gustaría hacerlo. ¿Qué parte de este trabajo te interesa? ¿Cómo te imaginas ayudando a otras personas? ¿Cuál es la recompensa que buscas?

Al poner en cuestión tus motivaciones, el camino se hará más claro. Por ejemplo, si decides que quieres ayudar a la gente a ser más feliz, tal vez decidas ayudar a otras personas a alcanzar sus objetivos. Si quieres ayudar a tus clientes a vivir vidas con menos complicaciones, tal vez lo tuyo sea ayudarlos a organizarse.

2. Haz tu tarea.

No es necesario tener un título para ser life coach, pero necesitas aprender algunas cosas. Una vez que decidas en que campo quieres especializarte, necesitarás aprender todo lo que se pueda sobre él. Busca algunos libros de autoayuda relacionados con el tema, léelos y toma notas. ¿Qué piensas de ese materia? ¿Tiene sentido? ¿Es algo que compartirías con tus clientes? ¿Qué actividades aparecen en el libro que puedas usar como tareas para tus clientes?

Si bien es fundamental leer mucho antes de empezar, la verdad es que el aprendizaje no termina allí. Si quieres ser bueno en esto, deberás leer y aprender cosas nuevas constantemente para asegurarte de tener todas las herramientas posibles para ayudar a tus clientes.

3. ¡Busca tu propio Coach!.

Si quieres ser un buen entrenador de vida, necesitarás tomar a alguien como modelo. Encontrar un entrenador de vida puede ser una gran cosa para los principiantes, ya que le permitirá ver de primera mano lo que significa estar del otro lado durante una sesión de entrenamiento. También podría ser el caso hacer algunas sesiones con tantos entrenadores de vida antes de comenzar su negocio. Inmediatamente verás que todos los entrenadores de vida tienen su propio estilo; Estar en contacto con diferentes métodos de coaching lo ayudará a comprender cómo desea interactuar con sus clientes.

Cómo ganar dineros siendo Life Coach

Una vez que hayas adquirido el conocimiento mediante una experiencia directa, estarás listo para empezar con tu negocio y trabajar con clientes. Así es cómo empiezas a ganar dinero con life coach:

1. Crea un sitio web.

Mucha gente que busca un life coach en internet quiere saber un poco más sobre los servicios que estos ofrecen antes de contratarlos. Por lo tanto, necesitarás crear un sitio web que se vea profesional antes de empezar a trabajar.

No es necesario que inviertas en contratar un diseñador profesional. Algunos servicios como WordPress o Wix te permitirán crear un sitio atractivo sin que tengas que escribir ni una línea de código. Sólo asegúrate de no cometer ningún error ortográfico o gramático en el contenido del sitio.

2. ¡Que todos se enteren!

Cuando estés listo para aceptar clientes, haz que todos lo sepan. Dile a tus amigos, a tu familia y a todos tus conocidos. Pero no digas "Oigan, ahora soy life coach". Explícales exactamente de que se trata. Habla sobre tu trabajo en las redes sociales y ofrece una sesión introductoria gratuita a tus servicios para que la gente se interese.

3. Transfórmate en una autoridad en el tema.

Una de las mejores maneras de conseguir nuevos clientes es creando contenido web relacionado con tu campo. Puedes crear videos, abrir un blog o hacer podcasts. Lo importante es que crees contenido original relacionado con el tema en el que te especializas. Si lo haces, las personas empezaran a utilizar lo que haces como material de consulta. Por ejemplo, podrías escribir un post sobre "4 maneras de simplificarte la vida" y, al final, invitar a tus lectores a contactarse contigo para obtener más información.

4. Ten presencia en las redes sociales.

Abre una cuenta de Twitter, LinkedIn, Facebook, Pinterest e Instagram y encárgate de atenderlas al menos dos o tres veces por semana. Las redes sociales son una excelente manera de llegar a nuevos clientes potenciales y mantenerte en contacto con los que ya tienes.

5. Invita al público.

Ofrecer seminarios y talleres en la ciudad en la que vives puede ayudarte a hacer que tu negocio sea reconocido. Alquila un espacio y cobra una entrada de $10 o $20. Aprovecha la oportunidad para compartir algunos consejos útiles y programar sesiones gratuitas de 30 minutos. Si lo haces bien lograrás encontrar unos cuantos clientes de esta forma.

6. Expande tus horizontes.

Para ganar dinero online como life coach, puedes hacer mucho más que sesiones. Puedes escribir e-books relacionados con el tema en el que te especializas u ofrecer tus servicios para dar charlas. No sólo ganarás dinero con esto, sino que te ayudará a solidificarte como autoridad en tu campo, lo que te ayudará a conseguir nuevos clientes.

¿Deberías convertirte en Life Coach?

Si eres la persona indicada, ser un life coach puede ser un gran trabajo en el que gozarás de mucha voluntad. Aun así, si quieres tener éxito, tendrás que evaluar si este es el trabajo para ti. Un gran life coach debe:

Conformarse con un salario modesto.

En los EE.UU., el life coach promedio ganar unos $40.000 al año y en muchos casos trabaja para personas que ganan más de $100.000 anuales. A veces, esto puede traer cierto resentimiento y estrés.

Ser apasionado y tener fuerza de voluntad.

Al principio es muy probable que te cueste encontrar clientes. Si no eres el tipo de persona que puede mantenerse motivado y sigue avanzando ante la adversidad, entonces ser un life coach no es para ti.

Ser bueno resolviendo problemas.

Si no puedes encontrar soluciones para los problemas de tus clientes, entonces no volverán a consultarte.

Capítulo 14
Como Ganar Dinero con Webinars

El webinar se ha convertido en una herramienta indispensable para generar dinero online, además de un sistema muy efectivo para causar impacto en la audiencia a la hora de promocionar productos y servicios.

Muy seguramente usted ha participado de webinars, conferencias online, entrenamientos por internet, incluso clases o cursos en línea. Webinars son un gran impacto en el mundo de los negocios de estos días, están siendo utilizados en todo tipo de nichos generando grandes cantidades de dinero a largo y corto plazo.

Yo he participado en cientos de webinars, algunos de estos se enfocan única y exclusivamente a educar como objetivo principal (no vender), otros donde se mezcla la educación con ventas y algunos en los que su único objetivo es vender. Personalmente me gusta verme involucrado en aquellos webinars donde me enseñan y al final, pero solo al final venden un producto relacionado con ese conocimiento adquirido.

¿Qué es un webinar?

Primero que todo y para que todos conozcamos como ganar dinero con webinars, debemos hablar el mismo idioma e iniciar entendiendo que es un webinar; así que vamos a hablar un poco sobre lo básico de un webinar.

El webinar es una conferencia por internet en vivo donde existe un moderador (profesor) y asistentes (alumnos). Los asistentes son, por lo general invitados vía email por el promotor o moderador de los webinars.

Los asistentes se registran y reciben recordatorios con enlaces directos al sitio web del webinar, antes y durante la hora de la conferencia para unirse en la sala virtual (salón de clases).

Muchos de los webinars son conferencias habladas (sin video), donde los asistentes escuchan al moderador hablar por medio de los parlantes de sus computadoras y los asistentes no tienen la posibilidad de ser escuchados. Los asistentes se pueden comunicar con el moderador y realizar preguntas por medio de un chat o panel de preguntas.

El moderador comparte la pantalla de su computadora para ilustrar presentaciones o imágenes que le ayudan a reforzar sus apuntes hablados.

¿Como ganar dinero con Webinars?

Webinars son una excelente forma de ganar dinero en internet, porque se tiene la atención de los asistentes y la habilidad de conectarse con ellos haciéndolos tener más interés y entusiasmo en el tema. Los más exitosos webinars en los que he participado han envuelto a los asistentes por medio de una impactante demostración y enseñando un tema específico.

Webinar es una de las formas mas fáciles y rápidas para ganar dinero en internet, conozco casos de personas que realizan dos webinars al mes, cada uno de una hora y ganan mas de $20,000.00 dólares mensuales! Si, solo invierten dos horas de su tiempo educando por medio de webinars y al final ofrecen productos que les hace ganar esa suma de dinero.

Lo más atractivo de los webinars es que en realidad todas las personas con computador y acceso a internet pueden hacerlo y ganar dinero.

Existen 4 modelos de webinars:

a) Modelo pagado: Se cobra por anticipado la entrada de este webinar; esto aplica para clases o cursos especializados. Los webinars pagados son por lo general 100% educativos e informativos y no hay ventas de por medio.

b) Modelo Experto: Los webinar modelo experto pueden ser pagados o gratuitos. El moderador habla como experto en el tema, captura datos de los asistentes para ofrecer productos o servicios más adelante.

c) Modelo de Invitados: Se invita a una persona experta en un tema específico, este invitado educa a los asistentes y al final puede ofrecer sus servicios personales. En este modelo se reparten ganancias entre el moderador (por llevarle clientes al experto) y el experto.

d) Modelo del organizador: buscar personas que quieren realizar su negocio.

Los webinars pueden ser una herramienta muy poderosa para ganar dinero con internet. Aprender a realizarlos es una tarea que debe emprender y ganara miles de dólares en internet, Primero debe encontrar las oportunidades adecuadas: los productos o servicios correctos para promocionar por medio del webinar, conocer la forma de monetizarlos y encontrar nichos hambrientos.

Luego debe identificar las diferentes fuentes de ingreso, aprender a crear ofertas automatizadas y vender de forma automática. Además, debe crear exposiciones poderosamente persuasivas, realizar un libreto de la presentación; es decir, aprender a crear un webinar que venda. Son muchos conceptos que al adquirirlos y dominarlos garantiza la creación de un webinar exitoso que le hará ganar dinero en internet por sí solo.

Capítulo 15
Como Ganar Dinero haciendo Trading

Aprender a operar exitosamente en el mercado de divisas es algo totalmente posible. De hecho, miles de personas alrededor del mundo están ganándose la vida en este mismo momento con Forex. Si ellos pueden, ¿por qué tú no? A continuación, explicaremos todo lo que debes saber para empezar a generar utilidades constantes en este mercado.

Antes de empezar, queremos explicar por qué la educación es tan importante. Muchas personas quieren saber cómo operar en el mercado de divisas y toman decisiones precipitadas que a menudo llevan a fracaso y pérdidas monetarias. Para evitar este escenario, es necesario que te prepares antes de siquiera realizar tu primera operación financiera.

Por qué es importante aprender sobre Forex

Navegar por el mercado de divisas puede ser realmente complejo. Existen tantos términos, variables, fuentes de información y tipos de análisis que cualquiera puede confundirse. Además, el mercado no es estático, sino que cambia constantemente en el tiempo. Esto quiere decir que lo que funciona al día de hoy, posiblemente no siga siendo efectivo mañana.

Es por eso que debes prepararte adecuadamente para tener éxito. El proceso de aprender sobre el trading en Forex nunca termina, ya que, como mencionamos anteriormente, Forex está en un estado de cambio constante.

Muchas personas deciden simplemente ignorar su aprendizaje (o aprender lo básico) e ir directo a invertir, solo para ver cómo desaparece su dinero rápidamente. Si quieres tener un éxito constante, debes conocer el mercado y llevar un seguimiento de tu carrera. Solo sabiendo dónde ganas y pierdes, podrás encontrar aspectos por mejorar y repetir.

5 pasos para tener éxito en Forex

Si quieres saber cómo operar en el mercado de divisas y ganar dinero, entonces lee y aplica los siguientes 5 pasos. Estos consejos te pondrán en el camino correcto al éxito.

1. Conócete a ti mismo

Una de las primeras cosas que debes tener en cuenta al aprender a operar en Forex es conocerte a ti mismo. En primer lugar, debes definir tus metas financieras, miedos, aversión al riesgo y capital disponible para desarrollar una estrategia de trading adecuada. Solo así podrás identificar las mejores y peores zonas del mercado para realizar operaciones.

En muchas ocasiones, los operadores principiantes solo se limitan a copiar los métodos de otros inversionistas sin tener en cuenta sus propios objetivos. Es posible que una estrategia sea rentable, pero si no es acorde a la personalidad ni metas del inversionista, terminará causando pérdidas.

2. Usa solamente capital de riesgo

El trading financiero es una actividad muy rentable, pero que conlleva riesgos. Por tal motivo, nunca debes invertir dinero que necesites para tu subsistencia, tal como el de los víveres o el alquiler. Usa solamente dinero que puedas perder sin problemas. Este es uno de los tips más importantes para saber cómo operar en Forex.

De igual manera, es recomendable que empieces con un capital pequeño que puedas aumentar gradualmente con las mismas ganancias del trading. Nunca es buena idea realizar depósitos constantes con el fin de compensar lo perdido.

3. Usa un solo par de divisas al principio

Mientras aprendes a operar en el mercado Forex, lo mejor es que uses un solo par de divisas que preferiblemente incluya una moneda que conozcas bien. Esto se debe a que Forex es un mercado extremadamente complejo con una gran variedad de participantes, variables e instrumentos de trading, lo cual puede causar bastante confusión.

Por lo tanto, lo mejor es que no te compliques demasiado al principio y elijas un solo instrumento que conozcas y domines muy bien.

4. Aprende a mantener tus emociones bajo control

Una de las causas más frecuentes de fracaso en el trading financiero son las emociones humanas. Sentimientos como la exaltación, el miedo o la codicia en muchas ocasiones han sido la perdición de los operadores, en especial los principiantes.

Para evitar este problema, es necesario que formules un plan de trading con reglas detalladas que puedas seguir en cualquier situación. Solo así podrás aplicar una metodología lógica y conseguir ganancias constantes en este mercado.

Por lo tanto, si quieres saber cómo operar en Forex, es crucial que controles tus emociones y tomes decisiones con la cabeza fría.

5. Lleva control de todo lo que hagas

Una de las cosas más importantes que debes hacer para aprender a operar en Forex es llevar un control de toda tu actividad de trading. Al entrar al mercado de divisas, las pérdidas y los errores serán inevitables. No obstante, lo que realmente importa es llevar un registro de todas las operaciones que realices (incluyendo hora, precio de apertura, precio de cierre, ganancias, pérdidas y cualquier otro dato que encuentres relevante) con el fin de encontrar tus fallas y mejorar.

Los anteriores 5 consejos son esenciales para ganar dinero constantemente en

Forex. No importa tu estrategia, sistema, metas, personalidad o nivel de aversión al riesgo, con seguridad estos tips te serán muy útiles para aumentar tus utilidades.

Cómo aprender a operar en Forex para principiantes – 5 pasos

Si eres un principiante, con seguridad tienes muchas dudas acerca de cómo empezar a ganar dinero en el mercado de divisas. Por tal motivo, detallaremos 5 pasos adicionales que puedes seguir para operar exitosamente en Forex.

1. Define una meta realista

Lo primero que debes hacer es definir un objetivo realista que puedas cuantificar. Por ejemplo, tu meta puede ser: tener utilidades de 30% cada año, conseguir $3.000 al mes, etc. Es importante que se trate de una cifra que puedas medir con facilidad, de lo contrario no podrás realizar la parte de seguimiento y control de tus actividades de trading.

El objetivo debe ser cuantificable, pero también realista. No tiene caso que establezcas una meta como: ganar 1.000.000 de dólares al mes; es algo que probablemente está fuera de tu alcance por ahora.

2. Identifica tus recursos

El siguiente paso es conocer los recursos que tienes a la mano para alcanzar la meta que estableciste en el punto anterior. Aquí tienes que definir cuánto dinero y tiempo tienes disponible para dedicar a Forex. No olvides que dentro de los costos deberás considerar los equipos de cómputo, los softwares, las plataformas, las señales, los cursos y cualquier otro gasto que esté relacionado con el trading de divisas.

3. Traza una estrategia de trading

Para alcanzar tus metas, necesitarás una serie de pasos para comprar y vender en el mercado de divisas. Es aquí donde deberás encontrar y probar varias estrategias de trading. Estas estrategias son reglas que detallan cuándo comprar un par de divisas, cuándo venderlo, cuál será el límite de pérdidas y ganancias, tu temporalidad, etc.

En Internet puedes encontrar una gran cantidad de estrategias de trading o bien, puedes crear una por tu cuenta. Lo importante es que encuentres algunas que te llamen la atención y las pruebes en una cuenta de demostración.

Las cuentas de demostración son ofrecidas por los brokers de Forex y te permiten operar bajo condiciones reales del mercado, pero utilizando dinero virtual. De esa manera, no arriesgarás tu dinero y podrás encontrar una estrategia que se adapte a tu personalidad y meta.

Cabe mencionar que este punto puede tomar tiempo (generalmente alrededor de unos meses), pero vale la pena. Con una estrategia definida, estarás más cerca de alcanzar el éxito.

4. Crea un plan de trading

Cuando cuentes con una meta cuantificable y realista, recursos para invertir en Forex y una estrategia, es el momento de crear un plan de trading para empezar a ganar dinero en Forex. Los planes de trading incluyen los instrumentos con los que operarás (pares de divisas), el número de operaciones por periodo de tiempo (depende de la temporalidad de tu estrategia), reglas para gestionar el riesgo, etc.

5. Opera en el mercado de divisas

Ahora, todo lo que tienes que hacer es aplicar tu plan de trading a situaciones verdaderas y empezar a operar. Abre una cuenta con dinero verdadero y aplica tu estrategia de la misma manera como lo hiciste en la cuenta de demostración.

Por supuesto, puedes cambiar las reglas de tu plan a medida que descubras mejoras. Sin embargo, es muy importante que realices estas modificaciones solo cuando no tengas ninguna posición abierta en el mercado. Uno de los errores más comunes de los principiantes es modificar las reglas del plan de trading con tal de evitar una pérdida individual.

Conclusión

Con la ayuda de los anteriores pasos, estarás más cerca de convertirte en un operador de divisas exitoso. Si necesitas más recursos para mejorar tus habilidades de trading, puedes visitar este enlace y aprovechar todas las herramientas disponibles.

¿Cuál es la Mejor Plataforma de Trading?

La plataforma de trading es la herramienta de trabajo fundamental de cualquier inversor que opera en los mercados financieros a través de internet. Se trata de un software diseñado para poder analizar el mercado, recibir los precios de los instrumentos financieros disponibles para invertir y abrir, controlar y cerrar posiciones según las decisiones que vaya tomando el trader.

Elegir la plataforma que mejor se adapte a tu perfil es fundamental para tener éxito en tu operativa. Por ello, en este artículo vamos a analizar cuáles son las principales plataformas de trading disponibles hoy en día para que puedas seleccionar la que mejor puede encajar en tus necesidades.

La mayoría de traders utilizan alguna de las plataformas que le proporciona su broker onlinede manera gratuita, otros optan por utilizar alguna plataforma de pago que les ofrece algunas características más avanzadas que necesitan para su operativa. Cada plataforma es un mundo, y aunque el objetivo es el mismo, te adelanto que hay las que ofrecen simplemente las características básicas que cualquier trader necesita, centrándose en la sencillez y la máxima facilidad de uso para principiantes, mientras que otras son mucho más completas y complejas, con un proceso de aprendizaje más amplio que está más pensado para traders experimentados y con mayores conocimientos.

Veamos las principales opciones que tenemos:

– MetaTrader

MetaTrader es en la actualidad la plataforma de trading más utilizada y más popular a nivel mundial. Se ha extendido tanto su uso porque son muchos los brokers online que han adquirido la licencia de este software de inversión y la ofrecen gratuitamente a sus clientes.

Se trata de una plataforma desarrollada por la empresa MetaQuotes Software Corp y que está especialmente diseñada para invertir en el mercado de divisas y también para operar con CFD's (contratos por diferencia) sobre índices, acciones, materias primas, energías, ...

MetaTrader es una potente herramienta «todo en uno» ya que cuenta prácticamente con todo lo necesario para analizar el mercado y ejecutar nuestras operaciones de trading. Disponible en multitud de idiomas (incluido en español) es una herramienta bastante fácil de usar y versátil. Es apta tanto para principiantes como para traders profesionales. Destaca por sus potentes gráficas y por ofrecer un amplio catálogo de indicadores para realizar el análisis técnico y tomar nuestras decisiones de trading.

Otro de sus puntos fuertes es la posibilidad de utilizar sistemas de trading automático (conocidos como EAs o Expert Advisors) que permiten abrir y cerrar posiciones automáticamente en base a una serie de variables preconfiguradas, ejecutando cualquier estrategia sin necesidad de intervención humana.

MetaTrader también ofrece un lenguaje de programación sencillo (similar al C++) denominado MetaQuotes Language que permite a cualquier persona, con ciertos conocimientos de programación, generar nuevos indicadores, scripts o sistemas de trading automático. Gracias a esto y a la popularidad de la plataforma, el catálogo de opciones que podemos incorporar a las características que vienen por defecto en la plataforma es enorme.

Actualmente, la versión más utilizada es MetaTrader 4 (MT4) aunque ya existe una nueva versión, MetaTrader 5 (MT5). Aunque MT5 incorpora ciertas mejoras sobre las características de MT4, los indicadores o EAs desarrollados para MT4 no se pueden usar en MT5 por eso todavía MT4 mantiene una cuota de uso mayor.

BROKERS CON METATRADER 5

El software de inversión de MetaTrader 4 o MetaTrader 5 generalmente se suele descargar e instalar en un ordenador con conexión a Internet (para traders que utilizan sistemas de trading automáticos hay brokers que ofrecen la posibilidad de instalar esta plataforma de trading en un servidor VPS).
Adicionalmente, MetaTrader también está disponible en formato webtrader y en versiones específicamente diseñadas para teléfonos móviles y tablets con sistema operativo iOS, Android o Windows Phone.

cTrader

cTrader es una plataforma de trading desarrollada por la empresa Spotware Systems Ltd. Permite acceso directo al mercado (DMA) y está diseñada para trabajar con brokers NDD(Non Dealing Desk) con ejecución ECN / STP.

BROKERS CON CTRADER

Esta plataforma es bastante completa, está disponible en 14 idiomas y cuenta con un sistema de gráficos potente con 14 time frames para adaptarse a cualquier tipo de estrategia. Ofrece también un buen número de indicadores para análisis técnico y la ejecución de órdenes es prácticamente instantánea con una latencia mínima.

Suele ser más utilizada por traders experimentados o por aquellos que suelen manejar varias cuentas de trading simultáneamente ya que permite cambiar fácilmente entre cuentas.

cTrader también cuenta con versiones específicas como una webtrader o para dispositivos móviles como son cTrader Mobile Web, cTrader for Android o cTrader for iOS.

– ProRealTime

ProRealTime es una plataforma de trading totalmente online especializada en análisis del mercado. Ha sido desarrollada por la compañía IT-Finance y utiliza la tecnología Java.

Ofrece un sistema de gráficos de alta calidad, más de 100 indicadores de análisis técnico, la posibilidad de utilizar indicadores personalizados y un completo set de herramientas para análisis técnico avanzado.

Con la herramienta ProRealTrend las líneas de tendencia se dibujan automáticamente en los gráficos y se actualizan cada cinco minutos. Puedes utilizar sistemas de trading automático (herramienta ProOrder), acceder a históricos de cotizaciones hacer un backtesting fiable de tus estrategias de trading.

El software de ProRealTime es gratuito pero el acceso a los datos en tiempo real es de pago. Hay una versión completa del programa y totalmente gratuita pero con los datos actualizados a fin del día (no en tiempo real) por ello no vale para la mayoría de traders. La versión con datos a tiempo real es de pago. Se puede contratar con una suscripción mensual o mediante prepago de 6 meses o 1 año. El precio varía bastante en función de los mercados que elijas para recibir los datos (por ejemplo acciones de España, acciones de Estados Unidos, futuros, índices internacionales, pares de divisas Forex,…).

Como en los casos anteriores ProRealTime también está disponible en versiones para smartphones y tablets con sistemas Windows, Android o iOS.

– Visual Chart

Al igual que ProRealTime, la plataforma de trading Visual Chart está especialmente indicada para el análisis del mercado.

Visual Chart ofrece un sistema avanzado de gráficos, un amplio catálogo de herramientas para dibujar en los gráficos, todo tipo de representaciones (Lineal, Barras, Velas Japonesas, Histograma, Histograma Relleno, Punto y Figura, Renko, Three Line Break) y más de 200 indicadores de análisis personalizables.

Puedes utilizar Visual Chart también para operar con sistemas de trading automático(requiere conocimientos de programación) y tiene más de 20 años de datos históricos para hacer backtesting de tus estrategias.

Visual Chart es un poco más compleja de utilizar que ProRealTime y la interfaz menos amigable para el usuario. Está pensada para traders con bastante experiencia. Se trata de una plataforma de pago mediante suscripción mensual cuyo coste varía según los mercados que seleciones para operar.

– NinjaTrader

NinjaTrader es una plataforma de trading que suele ser utilizada por traders de futuros, aunque también permite operar en acciones, Forex o CFDs. Permite analizar el mercado (con menos prestaciones en este sentido que ProRealTime o Visual Chart), desarrollar tus propios sistemas de trading automático y someterlos a backtesting o bien ejecutar tus operaciones manualmente.

NinjaTrader tiene una versión gratuita para operar con características básicas limitadas y también válida para análisis y backtesting. También ofrece una versión de pago más completa, con todas las funcionalidades, que se puede contratar con una licencia «lifetime» o mediante alquiler mensual.

- MetaStock

MetaStock es otra plataforma de trading, menos habitual que las anteriores, y más utilizada por los inversores profesionales, especialmente por daytraders. Se trata de una plataforma de pago cuya licencia (suscripción mensual o anual) es más cara que las anteriores. Ofrece herramientas de análisis técnico, permite operar en acciones, bonos, futuros, commodities, Forex, índices,

MetaStock ofrece herramientas exclusivas como su Explorador MetaStock que escanea el mercado o su pronosticador con más de 69 reconocedores automáticos de eventos.

- Sirix WebTrader

Sirix es una plataforma de trading 100% en formato web que se está haciendo cada vez más popular y que ha sido desarrollada por la compañía Leverate, Inc.

Tiene la ventaja de que puedes operar desde cualquier ordenador sin necesidad de descargar ni instalar nada. Al ser una plataforma web solamente necesitas una conexión a internet y un navegador web para acceder a ella y por tanto es una buena opción si utilizas varios ordenadores o quieres la flexibilidad de poder hacer trading desde cualquier lugar.

Las últimas versiones de Sirix Webtrader están basadas en HTML5 e incorporan nuevas características que la convierten en una plataforma bastante completa y a la vez sencilla de manejar por lo que nos parece una buena opción especialmente para principiantes. Su interfaz es amigable y tiene un buen sistema de gráficas en tiempo real y la posibilidad de usar más de 30 de los principales indicadores de análisis técnico. Ofrece otras funcionalidades como los «Cubos de Trading» (diseñados para ejecutar fácilmente las operaciones con un solo click) o la herramienta de «Tendencia» que te informa sobre las tendencias actuales del mercado.

Una de las diferencias principales de esta plataforma con respecto a otras es que también está pensada para «Trading Social» dándote la posibilidad de seguir en tiempo real a otros traders y poder copiar sus operaciones automáticamente aprovechándote de su experiencia y estrategias ganadoras para obtener beneficios.

Sirix también está disponible en versiones para dispositivos móviles: Sirix Mobile y Sirix Tablet para poder operar desde cualquier lugar a cualquier hora con tu smartphone o Tablet, Entre los brokers online que ofrecen esta plataforma Sirix gratuitamente encontramos
a Markets.com, GKFX,…

– Plataformas propias de cada broker online

Como hemos visto, existen principalmente un grupo de plataformas, desarrolladas por empresas especializadas, que muchos brokers ofrecen gratuitamente a sus clientes (como MetaTrader, Sirix Webtrader o cTrader) y otro grupo de plataformas más específicas que los traders pueden contratar (ProRealTime, Visual Chart, NinjaTrader o MetaStock). A mayores podemos encontrar otro grupo que son aquellas plataformas diseñadas y desarrolladas por un determinado broker online para ofrecer en exclusiva a sus clientes.

Algunos ejemplos:

– *L2 de IG Markets*

Además de otras plataformas que ofrece, el broker IG Markets ha desarrollado la plataforma de trading L2, especializada para trading DMA y pensada para traders avanzados que quieren operar directamente en el mercado. Está disponible únicamente en inglés, utiliza la tecnología Microsoft .NET 2.0 y da acceso a múltiples fuentes de liquidez con un envío inteligente de órdenes consiguiendo el mejor precio disponible entre todas las fuentes de manera automática. Amplio abanico de órdenes disponibles: pegged, fill or kill, execute and eliminate, good for auction,… Trading en escalera, posibilidad de automatizar tus operaciones utilizando algoritmos creados en Excel.

– *Plataformas de Trading Social*

Existen otros brokers especializados en trading social, como por ejemplo eToro o Tradeo, que han desarrollado sus propias plataformas de trading para permitirte localizar a los mejores traders de cualquier país, poder seguirlos, compartir impresiones con ellos y copiar sus operaciones aprovechándote de su experiencia y estrategias en tu propio beneficio. Estas plataformas son más bien una especie de red social de inversión.

BROKERS PARA TRADING SOCIAL

– Plus500

Plus500 es un broker de CFDs sobre divisas, materias primas, índices,... Ha desarrollado una plataforma de trading propia con una interfaz sencilla y muy intuitiva. Permite un aprendizaje mucho más rápido que otras plataformas y en poco tiempo te harás con el control de las opciones que permite. Está disponible en multitud de idiomas (incluido el español) y tiene bastantes cuadros de ayuda explicativos que te ayudarán a entender cómo funciona.

Si buscas un software de inversión sencillo de manejar sin complicaciones ésta puede ser una buena opción. Tiene también versiones para iPhone, iPad, Apple Watch, Android, Windows Phone y una Webtrader que se puede utilizar en cualquier ordenador con Windows, MAC o Linux.

PLATAFORMA PLUS500

– *xStation 5 de XTB*

xStation 5 es una plataforma de trading desarrollada por el broker XTB. Se caracteriza por ser rápida, potente y bastante versátil, por ello puede ser utilizada tanto por traders experimentados como por principiantes. Cuenta con una interfaz fácil de usar y ofrece diversas herramientas y funciones para analizar el mercado (incluyendo un buen número de herramientas de análisis técnico) y todo lo necesario para realizar nuestra operativa diaria como traders.

Entre las funciones más destacadas que ofrece esta plataforma podemos mencionar:

- Calculadora de trading la cual instantáneamente determina el potencial beneficio o pérdida de una operación.
- Herramientas de análisis técnico avanzado.
- Módulo de análisis de acciones.
- Chat para traders, noticias de trading, herramientas de sentimiento del mercado, mayores subidas y bajadas,…
- Trading desde el gráfico.
- Cierre de órdenes en bloque.
- Estadísticas de trading muy completas para analizar nuestro rendimiento como traders.

xStation 5 está disponible tanto para equipos de escritorio o como app de trading para dispositivos móviles con sistema Android o iOS. Esta app de la plataforma xStation 5 es una de las más completas que hemos probado hasta la fecha e incorpora la práctica totalidad de funciones que ofrece la versión de escritorio.

PLATAFORMA XSTATION 5

¿Cuál es la mejor plataforma de trading?

Como has visto, cada plataforma tiene sus características, sus ventajas e inconvenientes. Lamejor plataforma para tí puede no serlo para otro trader con un perfil diferente al tuyo.

Debes escoger aquella que se ajuste a tus necesidades según varios factores: tu nivel de conocimientos y experiencia, los instrumentos en los que quieres invertir, el lugar y dispositivo desde el que vas a operar, el tipo de análisis que realices, si vas a trabajar con sistemas de trading automático, A modo de resumen, si eres un trader principiante puedes valorar las plataformas de trading como MetaTrader, Sirix WebTrader o plataformas propias de algún broker como xStation 5, la de Plus500 o los brokers de trading social como eToro. Si eres un trader más experimentado, MetaTrader puede seguir siendo una buena opción o puedes irte a plataformas más específicas como cTrader, ProRealTime, Visual Chart, NinjaTrader, MetaStock.

Guía de Como Elegir tu modelo de negocio Online

Como has podido comprobar, cada modelo de negocio online tiene sus ventajas e inconvenientes, y no todos son igual de adecuados para cualquiera.

Unos tienen un mayor potencial, pero también exigen más trabajo. En algunos tú serás la cara visible, y en otros podrás permanecer en el anonimato.

También existen modelos de negocio con mayor riesgo financiero o costes de escalado, mientras que otros apenas requieren inversión y pueden convertirse en ingresos totalmente automatizados.

Para elegir el que mejor se ajusta a tus necesidades, deberías tener en cuenta los factores siguientes:

¿Quieres construir un negocio online a largo plazo?

Existen oportunidades a corto plazo que pueden hacerte ganar dinero, pero que no te garantizan que siga siendo así en el futuro.

Por norma general, trabajar en plataformas de tercero como Youtube o Udemy, tiene dos riesgos:

- Es la plataforma quien guarda toda la información y datos de contacto de los clientes
- Nadie te garantiza que vayan a seguir existiendo en el futuro, o que cambien sus condiciones

Si quieres asegurar la viabilidad de un negocio a largo plazo, probablemente deberás trabajar en una **plataforma propia**, como una página web o blog.

¿Quieres construir una marca personal?

Construir una marca personal puede abrirte más oportunidades de negocio. Para ello, lo más recomendable sería un blog o canal de Youtube, por ejemplo.

En mi caso, crear un blog me ayudó a aparecer en varios medios de comunicación y me dio la posibilidad de publicar un libro. También me ha permitido conocer gente con intereses similares y encontrar muchas oportunidades de colaboración.

Pero si prefieres no tener ninguna exposición pública, lo mejor sería elegir una **web de afiliación o tienda online**.

¿Cuál es tu soporte favorito?

Si has decidido crear tu propia marca personal, deberías plantearte cuál es el soporte en el que te sientes más cómodo para transmitir tu mensaje.

Básicamente existen tres:

- Texto
- Vídeo
- Audio

El formato escrito, ya sea una **web o un blog**, es cómodo porque te permite controlar bien tu mensaje. También es muy fácil de editar antes de publicarlo.

Si eres bueno con la cámara, quizás prefieras **crear un canal de Youtube** para transmitir tus mensajes. Y si tienes buena voz y capacidad de oratoria, deberías valorar un *podcast*.

No tienes que quedarte con un solo soporte, pero para empezar es mejor centrarte en uno y no dividir los esfuerzos.

Mi recomendación

En mi experiencia, los negocios online con menor riesgo y mayor potencial a medio y largo plazo son:

- Las **webs de afiliación** sobre una categoría de productos
- **Crear un blog** sobre una temática y vender servicios automatizados, como videocursos

Un blog te ayudará a construir tu marca personal, además de que probablemente ofrezca mayor seguridad a largo plazo.

¿Cuál es tu idea?

Si te decides por un blog, antes tienes que tomar una decisión fundamental: **su temática**.

Lo ideal es especializarte y satisfacer una necesidad de un público concreto. Cuando intentas cubrir demasiados temas, tus lectores no se sienten identificados y dejan de verte como una autoridad en la materia.

Para encontrar tu idea, plantéate estas tres preguntas:

¿QUÉ TE GUSTA?

Si vas a tener que estar escribiendo durante varios años sobre un tema, mejor que sea sobre algo que te guste.

Busca aficiones o intereses de los que no te cansarías nunca de hablar, porque todas ellas son excelentes candidatas a convertirse en el tema central de tu blog. Anota de 5 a 10 temas que cumplan esta condición.

¿EN QUÉ ERES BUENO?

Ahora apunta 5 cosas en las que te consideres especialmente bueno o que tus conocimientos estén por encima de la media. También puedes preguntar a tus amigos sobre qué te pedirían consejo; a menudo te darán información muy valiosa.

Pero recuerda que **no es necesario ser un experto en un tema para empezar un blog**, porque este es el miedo que frena al 99% de emprendedores digitales.

Cuando lances tu blog no tendrás lectores. Para cuando empieces a tener una audiencia, te habrás tenido que informar tanto sobre tu temática que probablemente sepas más que el 99% de la población. Lo que a ti te parece evidente, para un profano en el tema quizás no lo sea tanto.

¿PUEDES CUBRIR UNA NECESIDAD?

Ahora deberías tener varias ideas para empezar un blog. Antes de decidirte por una, valida que existe potencial. Es decir, que cubre una necesidad existente y que además hay personas que estarían dispuestas a pagar por solucionarla.

Por ejemplo, podrías crear un blog con consejos sobre cómo encontrar alojamiento, socializar o viajar seguro para personas que viajen solas. Si cuando hablas con ellas te dicen que estarían dispuestas a pagar para solucionar esos problemas, ¡bingo!

No temas equivocarte, porque siempre podrás ajustar la temática a las necesidades que vayas encontrando en tus lectores y en las que te sientas más cómodo.

De hecho, cuando yo empecé habilidadsocial.com trataba todo tipo de temas relacionados con psicología social, y solo empecé a tener éxito cuando me centré en ofrecer pautas para mejorar las relaciones personales de gente introvertida.

Crea tu servicio de pago

El siguiente paso es convertir tu blog en un negocio online ofreciendo un **servicio de pago**.

Este servicio puede ser de dos tipos: **coaching presencial** o un **servicio digital**, como un curso online.

La segunda opción es mi favorita, porque es la forma más escalable de conseguir ingresos pasivos.

Crear un curso en forma de vídeos grabados solo tiene el coste inicial (y básicamente se trata de tu tiempo). Una vez lo hayas creado te va a costar lo mismo vender uno que doscientos, a diferencia del coaching donde estarás limitado por la cantidad de horas que puedas dedicarle a cada cliente.

Estas son las ventajas de crear un curso online:

- Llegarás a miles de personas en todo el mundo
- Crearás un activo que te va a seguir proporcionando dinero durante muchos años
- Podrás escalar tu negocio sin límites

En habilidadsocial.com vendo un video curso que genera un promedio de 3.000 euros al mes. Solo tuve que crearlo una vez. Luego lo puse a la venta y ya pude olvidarme de él: se convirtió en un ingreso pasivo.

Si quieres construir una marca personal que te reporte beneficios a largo plazo, te recomiendo **empezar un blog** y convertirlo en un negocio vendiendo formación online. De lo contrario, las **webs de afiliación** todavía tienen mucho potencial.

Sea cual sea tu elección, lo importante es empezar sin esperar a que todo esté perfecto. Tu experiencia en un negocio online es lo que te abrirá un mar de nuevas oportunidades.

Espero que este libro te haya ayudado a entender qué modelos de negocio online rentables existen hoy en día. Cada uno de ellos tiene sus ventajas e inconvenientes, pero estos son los que actualmente están generando más ingresos a pequeños emprendedores.

No veas Internet como una solución para ganar dinero rápidamente. Aunque hay gente que se ha hecho millonaria de la noche a la mañana, son la gran excepción. Para tener éxito debes estar dispuesto a aprender, ser constante y perseverar.

Mi recomendación final es que crees un negocio online que se pueda automatizar y te pertenezca, como un blog o una página de afiliados. Perdurará más en el tiempo

Dedicatoria

Dedico este libro a todos aquellos nuevos Emprendedores Digitales, mis mayores deseo y éxito para ustedes.

www.ingramcontent.com/pod-product-compliance
Lightning Source LLC
Chambersburg PA
CBHW021811170526
45157CB00007B/2536